女性とツーリズム

観光を通して考える女性の人生

友原嘉彦 編著

古今書院

Women and Tourism

Women's Life seen through Tourism

TOMOHARA Yoshihiko ed.

ISBN978-4-7722-4203-5
Copyright©2017 TOMOHARA Toshihiko
Kokon Shoin Ltd.,Tokyo,2017

まえがき

　日本の大学において初めて観光学部を設置したのは立教大学で1998年のことです。以来，観光学系の学部や学科は各地の大学に設置され，質量ともに充実してきました。また，観光学を専攻する大学院生も増え，修了後は研究者として，あるいは高度職業人として各界で活躍しておられます。2008年には国土交通省の外局として観光庁が発足しました。さらに，文部科学省所管の独立行政法人である日本学術振興会は事業の一環として，科学研究費の助成を行っていますが，2015年度採択課題より人文社会系の総合人文社会分野に分科の一つとして観光学が新設されました（細目は観光学のみ）。このように，昨今は国家としても観光や観光研究の振興に注力しています。

　一方，国は男女共同参画社会の実現についても注力し，1999年には男女共同参画社会基本法が施行，2001年には内閣府に男女共同参画局が設置されました。観光の現場も言うまでもなく男女が共に関わっていますが，殊，観光研究については観光のゲスト（観光者），ホスト（受け入れ観光地）とも男性を念頭に置き，また，男性の視点で行われることがほとんどでした。そこで，もっと観光の現場における女性について掘り下げた研究が必要だと感じた多様な分野の研究者が集い，2015年7月に「女性と観光」研究会を結成しました。なお，この研究会のメンバーのうち，友原（研究代表者），庄子，高田，長尾，新名，丸山（以上，研究分担者）は「女性と観光に関する総合的研究」を研究課題として，日本学術振興会の科学研究費（挑戦的萌芽研究）の助成（研究課題番号15K12805）を2015年4月から2018年3月まで受けており，各担当箇所の全部，あるいは一部に助成による研究成果が反映されています。また，友原（研究代表者），遠藤，加藤，中子（以上，研究分担者）は日本観光研究学会の研究分科会「女性と観光に関する研究会」の助成を2015年5月から2018年3月まで受けており，この研究分科会を含み，拡大する形で研究会を開催しました。「女性と観光」研究会は第一回研究会を2015年7月25日に四日市大学（三重県四日市市）で開催して以

来,神奈川県相模原市,神戸市,鳥取市,宮城県石巻市と全国の大学や公共施設において計5回催行しました。研究会では各回2～3人ずつ発表を行い,女性と観光について多角的に議論,意見交換をしてきました。

本書を出版するにあたり,こうした背景があり,「女性と観光」というテーマこそ共通したものですが,多岐に渡る分野の研究者が参加したため,各人の研究成果をどのような形で1冊の書籍にまとめるかといった難しさがありました。試行錯誤した結果,構成をシンプルに観光のゲストとホストに分け,2部立ての構成としました。第1部は観光のゲスト研究についてであり,「観光する女性たち」とタイトル付けし,5人が担当しました。第2部は観光のホスト研究であり,タイトルを「観光地を担う女性たち」とし,6人が担当しました。

本書は観光研究の中でも女性をクローズアップし,様ざまな分野の研究者が自身の専門性を活かして切り込んだという点に最も大きな意義があります。まさに挑戦的で萌芽的な試みの成果を書籍という形で世に示すことができました。本書は観光研究の成果を広く次世代の若者達に伝えるべく,観光学の教科書としての使用を第一の念頭に置いています。全11章の構成であるため,大学の科目(たとえば「観光学特殊講義」といったもの)で全編を通しての使用もできますし,ゼミなどでいずれかの章を紹介,講読するといったことも可能です。また,ゲストにせよホストにせよ女性が観光にどのように関わってきたのかについて多彩な観点から考察しているため,大学関係者のみならず,観光関連の企業,団体の方々にも広くお読みいただけると確信しています。「女性と観光」に興味関心を有しておられる多くの方々が最先端の研究に触れ,理解を深めていただければ幸甚の至りです。

最後になりましたが,株式会社古今書院社長の橋本寿資氏,そして観光学における女性研究の必要性に対し,強く共感いただき,本書の企画から刊行まで足掛け3年に渡って携わっていただいた編集部の鈴木憲子氏に深く感謝申し上げます。

著者を代表して　友原　嘉彦

目　次

まえがき ─────────────────────────── i

第一部　観光する女性たち

第 1 章　「女子旅」をめぐる記号論的読解　「無意味な空虚性」という「意味」── 3
1　はじめに　3
2　ポスト『ジェンダー・トラブル』へ　4
3　観光関連産業とジェンダー　7
4　「女子旅」の記号論　10
5　むすびにかえて─ジェンダーの新たなる陥穽　15

第 2 章　現代「女子」観光事情 ───────────────── 19
1　「女子旅」ブームの到来と市場の確立　19
2　西欧における「女子旅」　23
3　「アラサー女子」の海外一人旅　26
4　「海外一人旅女子」の実相　27
5　まとめ　34

第 3 章　巴里／パリ・イメージの醸成─パリに渡った女性たち ───── 37
1　はじめに　37
2　女性作家たちのパリ：与謝野晶子と林芙美子　38
3　「銀幕のスタア」のパリ：高峰秀子　45
4　結論に代えて：映画『アメリ』と女性向け雑誌の「パリ特集」　49

第4章　文学作品にみる〈旅〉——男の旅と女の旅 ——— 53

1 〈旅〉をその本質から分類してみる　53
2 〈放浪〉　54
3 〈道行〉：誰かと旅すること，誰かと一緒に歩くこと　62
4 まとめ　67

第5章　統計データから見る女性の観光旅行特性 ——— 69

1 はじめに　70
2 統計データの種類と使い方　71
3 社会生活基本調査を用いたデータ分析　74
   ★ コラム：集計表にないデータ　74
4 行楽・旅行への参加——1991（平成3）年と2011（平成23）年の比較　75
5 ライフステージと観光旅行の頻度，同行者　79
6 まとめ　81

第二部　観光地を担う女性たち

第6章　あでやかさの舞台裏
——観光資源としての鶴崎踊の成立と地域社会における女性 ——— 85

1 観光資源としての地域伝統芸能——旅行の大衆化と「鶴崎踊」の誕生　86
2 あでやかさの来歴　87
3 「絢爛豪華」本場鶴崎踊大会の舞台裏　92
4 変質する地域伝統と女性　97

第7章　世界遺産富岡製糸場に関する女工の歴史
——何が見せられ，何が見せられていないのか ——— 103

1 はじめに　103
2 観光プロモーションと女性の表象　106
3 富岡製糸場における「女工の歴史」の表象　107

4　世界遺産登録と政治的意図　109
　　5　観光客からみた「富岡製糸場」　111
　　6　まとめ　113

第8章　宿泊業を担う女性——旅館におけるサービスの担い手とは ── 117
　　1　はじめに　117
　　2　旅館業の現状　118
　　3　旅館の成立　122
　　4　旅館を支える女性たち　125
　　　★コラム：従業員満足と顧客満足の関係　129
　　5　おわりに　130

第9章　地域で観光を支える女性
　　　　　——ケーススタディに見る女性としての存在とあり様 ── 133
　　1　はじめに　133
　　2　調査方法と結果の分析にあたって　134
　　3　本稿の分析枠組みと援用する理論群　140
　　4　社会システムと機能分析　144
　　　★コラム：社会関係資本の要素と類型　145
　　5　まとめにかえて－私事化社会における生き方　146

第10章　ジオパークと女性 ── 149
　　1　持続可能な開発と観光　149
　　2　観光コンテンツとしての地形・地質遺産　153
　　3　地形・地質遺産の普及啓発と女性　158
　　4　これからのジオパークと女性　163

第11章　東日本大震災の被災地における観光の変化と
　　　　　その担い手としての女性 ── 167
　　1　東日本大震災の被災地（石巻圏域）における観光の現状と取組み　168

 2　被災地における観光の担い手としての女性　172
 3　おわりに　179

索　引 ——————————————————————— 183

第一部

観光する女性たち

第1章 「女子旅」をめぐる記号論的読解 「無意味な空虚性」という「意味」

第2章 現代「女子」観光事情

第3章 巴里／パリ・イメージの醸成——パリに渡った女性たち

第4章 文学作品にみる〈旅〉——男の旅と女の旅

第5章 統計データから見る女性の観光旅行特性

第1章 「女子旅」をめぐる記号論的読解
「無意味な空虚性」という「意味」

遠藤英樹

　私は，ゼミの食事会などで，自分や学生さんのためにご飯をお皿に取り分けたりすることがある。すると，あるときに学生さんから，「先生，女子過ぎる！」と言われたことがある。取り分けるのは，自分が食べたいものを食べたい分だけ取れるからに過ぎないのだが，どうして食事を取り分けるのが，「女子」なのだろうか？私が「女子」であると言うなら，では，「女子」でないのはどういう人なのか。「女子（という言葉）」は，かくも難しい。

　この「女子」なる言葉を用いた観光商品に，「女子旅」がある。近年，観光情報誌でも「女子旅」という言葉を冠した書籍がみられるようになった。一体，どういう観光や旅なら，「女子旅」となるのだろう。本章は，こうしたことを考え，観光とジェンダーの結びつきを論じたものである。

1　はじめに

　観光は，ジェンダーと深く関わる社会現象であるにもかかわらず，日本では，これまで観光とジェンダーの関連性について議論されることは少なかったと言える。もちろん，かなり早い時期に，石森・安福らは「観光とジェンダー」をテーマに研究を行っている（石森・安福，2003）。これら成果は観光研究において非常に重要な業績となっているものの，その成果が十分に継承されてきたとは言い難い状況にある。

　本章は，そういった状況をふまえ，観光とジェンダーの関連性について考察しようとした。とくに近年，観光商品として様ざまに開発されるようになった「女子旅」を中心に議論を展開している。

以下ではまず，ジェンダーに関わる近年の状況や研究動向を概観する。つぎに最近「ホスピタリティ産業」とも言われるようになった観光関連産業の現場が，ジェンダーとどのような形で結びついているのかを「感情労働」論をふまえ議論する。そうした議論を経た後，R. バルトによる文化記号論的な視点を援用し，「女子旅」について考察する。結論として，「女子旅」が新たな形のジェンダーの陥穽を形成するものであることを指摘しており，「女子旅」をめぐる今後の研究につなげている。

2　ポスト『ジェンダー・トラブル』へ

● 「ジェンダー」とは何か──「男らしさ」と「女らしさ」

　私たちはこれまで，「もっと若者らしくしなさい」とか「学生らしい行動を心がけなさい」といったように，数々の「らしさ」にさらされてきた。こうした「らしさ」の一つに，「男らしさ」や「女らしさ」がある。

　たとえば，今ではかなり少なくなってきたとはいえ，まだなお多くの人びとの意識において，「外で頑張って働き，家族を養う」ことが「男らしい」とされていたり，「家庭を守って，家族を優しくつつむ」ことが「女らしい」とされていたりする。内閣府による「男女共同参画社会に関する世論調査」（2016 年度）によると，「夫は外で働き，妻は家庭を守るべきである」という考え方について，賛成か反対か尋ねたところ，「賛成」とする者の割合が 40.6%（「賛成」8.8% と「どちらかといえば賛成」31.7% を合わせて），「反対」とする者の割合が 54.3%（「どちらかといえば反対」34.8% と「反対」19.5% を合わせて）であった。この調査結果をみても，今なおこうした役割規範が私たちをしばりつけていることがよく分かるだろう。

　また，学研教育総合研究所が実施したインターネット調査である「小学生白書 web 版」（2015 年）では，小学校 6 年生で将来なりたい職業は，男子では「プロ野球選手」「エンジニア・技術者」「ゲームデザイナー」であったのに対して，女子では「パティシエ」「保育士」「漫画家・イラストレーター」であった。他に小学生に好きな色は何かと尋ねたところ，男子小学生は「青」「赤」「黒」「緑」，女

子小学生は「ピンク」「水色」「青」「白」「紫」などを好む傾向があった。このように私たちは誰もが，幼いころから，何らかのかたちで，性差に関わる「らしさ」という意味につつまれ，それに囚われつつ生きている。

歴史学者J.W.スコットは『ジェンダーと歴史学』において，性差という身体的差異に対して「意味を付与する知」を，「ジェンダー」と定義している。スコットは「ジェンダーとは，性差に関する知を意味している」と述べ，他の身体的差異から，性に関する身体的差異だけが特権的に切り離され，社会的制度とつながりつつ意味づけが行われていくことを歴史学の視点から問い続けたのである（スコット，2004：23-24）。まさにジェンダーは，染色体やホルモン等によって決定される生物学的な性差（セックス）とは異なり，社会的・文化的な性差とも呼ぶべきものだとされたのだ。

● **J. バトラー『ジェンダー・トラブル』**

とはいえ，「ジェンダー」と「セックス」は，それほど明瞭に分けられるものなのだろうか？このことを疑問視することで，J.バトラーは，ジェンダー研究を新たな地平におしあげていった。その際，とくにバトラーが援用したのは「脱構築」的な視点である。

では，「脱構築」的な視点とは何か。それは，私たちを常識のようにとりかこんでいる多様な二項対立的なものの考え方を疑う視点である。「善"と"悪」「真面目"と"不真面目」「生"と"死」「重厚"と"軽薄」「真理"と"虚偽」「精神"と"物質」「同一性"と"差異性」「自然的なもの"と"人工的なもの」「西洋"と"東洋」「自己"と"他者」，私たちはあたりまえのようにものごとを，多くの二項対立図式のもとで考えてしまっている。

これら二項対立図式を疑い，そこに組み込まれている「と（／スラッシュ）」の作用を問い直し，その力を無効化する視点，これが「脱構築」的な視点である。「脱構築」の視点をとることで，自分たちを閉じ込めている常識の檻を強固なものにする「"と（／スラッシュ）"の力」を問い直し，そのたがをゆるめ，ぐらつかせることができるかもしれないのだ。

バトラーはその著『ジェンダー・トラブル―フェミニズムとアイデンティティの攪乱』において，「ジェンダー"と"セックス（ジェンダー／セックス）」や

「男性"と"女性（男性／女性）」という二項対立図式を再考しようとする（バトラー，1999）。たとえば身体的特徴だけみても，すべての人が「男性器のみ」を有していたり，「女性器のみ」を有していたりするわけではない。「両性具有」の人も中にはいる。染色体も「XY」「XX」「XO」「XXX」「XYY」など，多様である。ホルモンも「男性ホルモン」が多い人と少ない人，「女性ホルモン」が多い人と少ない人がある。さらには自分を「男性」と思っている人と，「女性」と思っている人，「どちらでもない」と思っている人など，性アイデンティティも多様だ。恋愛や性愛の相手も「異性が好きな人」「同性が好きな人」「どちらも好きな人」などがいるし，「男性的な立居振舞の人」「女性的な立居振舞の人」「中性的な立居振舞の人」もいる。

では，染色体が「XY」で，「男性器のみ」を有しているが，性アイデンティティでは自分を「女性」だとしか思えない人が目の前にいたとする。もし彼（あるいは彼女）が恋愛や性愛の相手として好きになるのが，みずからが思う「同性」（この場合には「女性」）で，しかし「女性的な立居振舞」をすることが多い場合，その人は男性と呼ぶべきなのか，それとも女性と呼ぶべきなのか（遠藤，2011：82-83）。

こう考えると，「ジェンダー"と"セックス」「男性"と"女性」という二項対立図式で分類しようとすることじたい，大きな無理があることが分かるはず

図 1-1　J. バトラー

（https://www.flickr.com/photos/barbara-walzer/7977468788/ 2017 年 3 月 20 日参照）

だ。何が生物学的な性差（セックス）とされ，何が社会的・文化的な性差（ジェンダー）とされるのかは，時代や社会状況によって異なるものなのである。その意味で，生物学的な性差（セックス）もまた，「ジェンダー」と同様，社会的に形成されるものなのである。バトラーはそのように主張する。こうしてジェンダー研究は現在，バトラーによる『ジェンダー・トラブル』以降（ポスト『ジェンダー・トラブル』）の段階にあると言えよう。

3　観光関連産業とジェンダー

● 観光関連産業とホスピタリティ

　性差という身体的差異に対して「意味を付与する知」としてのジェンダーは，観光現象においても見出すことができる。観光関連産業をみても，そのことがよく分かるだろう。

　観光関連産業は，旅行業，宿泊業，飲食業，運輸業，観光施設業をはじめ多岐にわたる業種によって成り立っている。旅行業には旅行代理店などが，宿泊業にはホテル業や旅館業などが，運輸業には鉄道会社，航空会社，バス会社，タクシー会社などが，観光施設業にはテーマパーク業や遊園地業などが位置づけられる。このような観光関連産業はかつてサービス業と考えられていたが，現在ではホスピタリティ産業と言われるにいたっている。

　ホスピタリティの語源をたどっていくと，「旅人」「異人（まれびと）」を歓待することに行き当たるとされている。「旅人」や「異人」がたとえ「敵対する人（hostile）」でも，その人が傷ついているときは，その人を心からもてなし，癒そうとする―その行為を指して，ホスピタリティとされていたのである。それゆえ，もてなしを意味する「ホスピタリティ（hospitality）」と，歓待する宿泊施設を意味する「ホテル（hotel）」と，傷ついた人を癒す「病院（hospital）」は，語源として結びついてきたのである。

　堀野によると，観光関連産業がホスピタリティ産業と言われるようになったのは，比較的近年の産物であるとされる。「第二次大戦後，米国のホテル・レストラン産業において，機能的，均質的なサービスを越える情緒的な満足をもたらす

人的応接を，ホスピタリティとして呼ぶようになった。現在，日本でも宿泊・飲食等のサービス産業の拡張と競争が激化し，ホスピタリティが経営成功の一つの鍵としてみなされるようになった」のである（堀野，2011：158）。

　ここで重要なのは，ホスピタリティがそもそも「旅人」「異人（まれびと）」を歓待することを意味しているという，ホスピタリティの「本来的な意味」ではない。現在「ホスピタリティ」と呼びならわされているものが実は「サービス」に過ぎず，ホスピタリティの「本来的な意味」に立ち戻ることが重要だと主張するだけでは，現代社会における観光のあり方を考察するうえで不十分であろう（前田，2007）。そうではなく，重要なのは，現在の観光関連産業において「ホスピタリティ」という用語を用いることで顧客の情緒的満足感が過度に強調されてしまっていることであり，情緒的満足感をひきだす労働のあり方が観光関連産業従事者に求められるようになっていることである。

◉ ホスピタリティにしのびこむ「感情労働」とジェンダー

　社会学者 A.R. ホックシールドは『管理された心──感情が商品になるとき』において，このような労働のあり方を「感情労働」と名づけている（ホックシールド，2000）。「感情労働」とは，相手（たとえば客）の感情を優先させ自分の感情

図1-2　A.R. ホックシールド
(http://gender.stanford.edu/news/2013/purchasing-personal
2017年3月20日参照)

を抑制（コントロール）することが重要となる労働を言う。ホックシールドは，現代社会の仕事のあり方が，「肉体労働」や「頭脳労働」の要素以上に，「感情労働」的な要素が求められるものになっていると主張する。ホスピタリティ産業は，まさに「感情労働」を通して顧客の情緒にうったえる業種となっているのである。

　観光において，こうした「感情労働」は実は，ジェンダーと深く関わっているのではないだろうか。図1-3を見てもらいたい。これは，ある老舗旅館で宿泊した客を見送るときの光景である。宿泊客に対して「ありがとうございました」と見送る従業員たちのほとんどが，女性であることに気づくであろう。また航空会社で勤務するキャビン・アテンダントも，「感情労働」を要求される仕事であるが，その多くは女性で占められているのではないか。

　観光関連産業では，「物腰がやわらかいから」「人と話すのが好きだから」「優しく人を包みこめるから」など，女性が顧客との情緒的コミュニケーションに長けているのだとする，何の根拠もない様々な言説とともに，「感情労働」を担う役割が女性に付与されてきたのである。さらに安福は，観光関連産業において，(1) 季節労働，短期労働，パートタイムといった不安定な就労形態が男性と比較して女性により多くみられること，(2) 女性が管理職につく比率は低く，マネージャーの多くが男性であること等も指摘している（安福，2004：172-175）。

図1-3　旅館で宿泊した客を見送りするときの風景
（http://www.ehealthyrecipe.com/s/company/12/img/ph_02.jpg 2017年3月20日参照）

4　「女子旅」の記号論

● 「女子」の誕生

だが，観光現象がジェンダーと結びついているのは，観光産業の現場だけではない。観光産業は様ざまな観光商品を開発し，メディア産業の力を借りながら，それらを広告・宣伝してきたが，そうした観光商品もジェンダーと深く結びつく場合がある。

以下では，「女子旅」という観光商品が，性に関する身体的差異に対して，いかなる意味を付与しようとしているのかを考察していくことにしよう。近年，「女子旅」という言葉を冠した観光商品が様ざまに開発され，観光情報誌やテレビ番組などを通して広告・宣伝されている（図1-4）。

そもそも，「女子」という言葉がメディアで広がり始めたのは，2000年代に入ってからのことである。「メディアで，とりわけファッション雑誌において『女子』という言葉を最初に使用したのは，人気マンガ家の安野モヨコだと言われている。安野は，1998年に創刊された初の化粧情報誌『VoCE』（講談社）において，創刊時から『美人画報』というイラストがメインのエッセイを連載し

図1-4　女子旅に関する観光情報誌
（数冊の観光情報誌を筆者撮影）

図1-5　「女子力」という言葉がおどる雑誌
（『MORE』2012年10月号）

ていた。その『美人画報』誌上で，安野が『女子』や『女子力』という言葉を頻繁に登場させたことがそもそも『女子』ブームの始まりである」（米澤，2014：3）。これ以降，「女子会」「女子力」といった言葉がメディアに頻繁に登場するようになり（図1-5），観光産業もこうした言葉を積極的に冠することで「女子旅」という観光商品を開発していった。

● R. バルトの文化記号論

では，そこで用いられている「女子」という言葉には，一体，いかなる意味が付与されているのであろうか。これについて，以下では，フランスの思想家・文芸批評家である R. バルトの文化記号論的な視点を用いて考えてみることにしよう（図1-6）。バルトは『現代社会の神話』において，映画，プロレス，コマーシャル，雑誌記事をはじめとする，多種多様な現代の文化現象に隠された意味を解読するにあたり，記号論を援用する（バルト，2005）。記号論とは，スイスの言語学者であるフェルディナン・ド＝ソシュールによって提唱された理論である。

ソシュールは，記号を二つの要素に分けて考える（遠藤，2011：108-113）。一つは「意味するもの（フランス語で"シニフィアン"）」，もう一つは「意味されるもの（フランス語で"シニフェ"）」である。記号はこの二つが組み合わさった

図1-6 R. バルト
(http://www.natsume-books.com/natsumeblog/?p=2784 2017年3月20日参照)

ものだと，彼は考える。ところで「意味するもの（シニフィアン）」「意味されるもの（シニフェ）」とは一体，何なのか。

　たとえば，今ここに「ねこ」という文字（記号）が書かれているとする。この「ねこ」という文字は「ね」・「こ」という文字をつなげたもので，しかも「ね」という文字，「こ」という文字は，白い紙のうえにインクで直線・曲線をにじませて書かれたものである。したがって，つきつめれば「ねこ」という文字は，白い紙のうえに書かれたインクのかたち（直線と曲線の集合体）ということになる。「意味するもの（シニフィアン）」とは，こうした文字のかたちそのものを言う。文字のかたち，文字の形象，インクをしみつかせた文字の物質性，これが「意味するもの（シニフィアン）」である。

　では「ねこ」という文字そのものをみて，私たちは頭の中に何をイメージするだろう。決して「直線と曲線のインクの染みがある」とは思わないだろう。「ねこ」という文字をみて私たちが頭の中にイメージするのは，「にゃーにゃー」と鳴く動物のすがたではないだろうか。このように「意味するもの（シニフィアン）」をみたときに頭の中に思い浮かべるものを，「意味されるもの（シニフェ）」と言う。

　「意味するもの（シニフィアン）」が文字のかたち，文字の物質性であり，それに対して「意味されるもの（シニフェ）」は，それをみて頭の中で思い浮かべるイメージ（概念）のことである。記号とは，この二つが組み合わさったものだとソシュールは言う。

　バルトは，「意味するもの（シニフィアン）」と「意味されるもの（シニフェ）」という，記号論における二つの概念を駆使しつつ，『パリ・マッチ』という雑誌の表紙を具体的に分析してみせる（図1-7）。この雑誌の表紙では，「フランス軍隊風の敬礼をする黒人兵士」の写真が用いられているが，これが「意味するもの（シニフィアン）」となって，「フランスという国とその軍隊の結びつき」が意味されている（シニフェ）。ここからバルトは記号論をさらに応用し，「フランス軍隊風の敬礼をする黒人兵士」の写真（シニフィアン）と「フランスという国とその軍隊の結びつき」（シニフェ）が一体となることで，「フランスという国が植民地を有する帝国であること」が新たに意味されていることを指摘する（メタレベルのシニフェ）。そのことで，「植民地を有するフランス帝国」がいつの間にか自明視され（神話化され），擁護されているのだと言う（図1-8）。

第1章 「女子旅」をめぐる記号論的読解 「無意味な空虚性」という「意味」

図1-7 雑誌『パリ・マッチ』の表紙
(http://www.wind.sannet.ne.jp/masa-t/sijigi/sijigi.html
2017年3月20日参照)

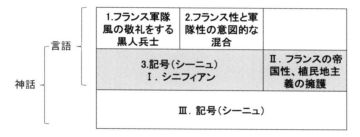

図1-8 雑誌『パリ・マッチ』の表紙をめぐる記号論的分析
(R.バルトの議論をもとに筆者作成)

● 「女子旅」の考察

　こうしたバルトの分析を「女子旅」に応用してみよう。「女子旅」とは「女子」が行う旅を言うが,では「女子」という言葉が「意味するもの（シニフィアン)」として,どのようなことが意味されているのだろうか。それは,「カワイイ」「おしゃれ」「自分みがき」などのキーワードに集約されるものではないか。こうしたものが,「女子」という「ジェンダー性」と絡まり合いながら「意味されるもの（シニフェ)」となっているのである。

　実際『金沢女子旅』という観光情報誌をみても,タレントの中川翔子を起用

し「金沢のカワイイをお届けします」というキャッチコピーが書かれていたり，他のページにも「カワイイ」の文字が多用されていたりする。また金沢の伝統工芸にふれる観光が，「ワタシを磨く体験満喫コース」として紹介されており，「自分みがき」と結びつけられていたりもする。また世界一周を行った10名の女性の体験談が掲載されている『世界一周 女子旅BOOK』という観光情報誌でも，共通して一様に，旅行体験を「自分みがき」と結びつける言葉が繰り返し語られていたりするのである。

では，「意味するもの（シニフィアン）」である「女子」という言葉と，「意味されるもの（シニフェ）」である「カワイイ」「おしゃれ」「自分みがき」が一体となることで，「女子」は何を意味する言説となっているのだろうか。それは，実は，「何も意味しないこと（空虚性）」を意味しているのではないだろうか。

少し分かりにくいので，もう少し説明しよう。

「女子」は，「カワイイ」「おしゃれ」「自分みがき」を意味している言葉であると先に述べた。だが，「カワイイ」「おしゃれ」「自分みがき」は女性だけに限定してみられるものではないはずだ。男性であろうが女性であろうが，あるいは，そのどちらでもあろうが，どちらでもなかろうが，人はすべて「カワイイ」「おしゃれ」「自分みがき」に関わることができるのである。そうであれば，すべての人間が「女子」であり，すべての人間が「女子」ではないことになる。とするならば「女子」という言葉は，すべての人間に当てはまり得る記号であることになるが，そうであるのなら，それは結局，何も意味しないことになるだろう。この点で，「女子」という言葉は，「無意味な空虚性」に満ち溢れている記号だと言えるのである（図1-9）。

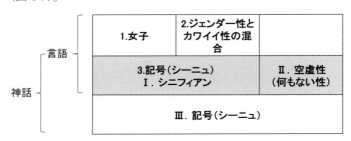

図1-9 「女子」という言葉に関する記号論的分析
（筆者作成）

5　むすびにかえて―ジェンダーの新たな陥穽

● 形を変えたジェンダー規範

　この点を肯定的にとらえ,「女子」という記号に, 伝統的なジェンダー規範からの解放の可能性をみる論者もいる（河原, 2012）。だが「女子」という「無意味な空虚さ」を有する記号は, 伝統的なジェンダー規範からの解放ではなく, 逆に, ジェンダー規範がかたちをかえて, 社会のより深部の見えにくいところにまで浸透してしまっていることを表すものではないだろうか。

　たとえば朝日新聞では「『女子力』って？」という特集記事を, 2017年1月から2月にかけて組んでいたが, そこにおいて, 以下のような言葉が述べられていた。

　　居酒屋で料理がきた際に,『ほら, 女子力発揮して』と取り分けを要求された。世間で言われている女子力とは, その内容は女子にのみ求められるものではないはず。女子ができていないと何かがっかり, 女子にやってもらった方が気分が良い, そんなのは受け手側の勝手な都合だと思う。そういった概念がいわゆる女子力がない女性をじわじわと追い詰め, 女子力を見せる女子を攻撃させてしまう原因の一つかと。（岩手県・20代女性）

　　いつからか飲み会でのサラダを取り分けると, 女子力が高いといわれるようになった。しかし, 最近の飲み会では男女ともにこの言葉が面倒になってきたように感じる。サラダが出てきても誰かが,『じゃ, セルフで！』と言うことが増えた。女子力はなぜはやり,『男子力』は聞かないのか。日本には,『女性は気配り, 料理などの家事ができたほうがいい女といえる』という固定観念があった。しかし, やっとそこから抜け出し,『家事・料理は男性もできたほうが良い』の風潮になってきたところに, 雑誌かマスコミが『女子力』をはやし立てた。これにより, また新たな固定観念が生まれた。世の中は, 女性に呪縛をかけるのが好きなのだろうか。（埼玉県・20代その他）

男ですが，女性の集団の中で『女子力高い』とよく言われます。周囲への気配りがよくできることをたたえてのことのようです。結局のところ，『そういう役割は女性のもの』という日本特有のステレオタイプに縛られた言葉なのかなと思いました。(千葉県・20代男性)

　以上の言葉でも分かるように，「女子」という言葉のもとで，私たちは「生きにくさ」を感じてしまう場合もあるのだ。「男は〜であるべき」「女は・・・であるべき」という伝統的なジェンダー規範そのままではないにしても，形を変えたジェンダー規範が，「女子」という記号によってもたらされていると考えることができるのである。「女子」が「何も意味しないこと（空虚性）」を意味する記号であるがゆえに，それは一層，社会の深部にまで浸透してしまう危うさをもち，ジェンダー規範の「意味」を充溢させていくのだ。

● 「空虚なる意味」という「充溢した意味」

　「空虚なる意味」は，「空虚」であるがゆえに「意味」を充溢させてゆく。これについてバルトは『表徴の帝国』において，東京という都市を事例に次のように述べている。

　　わたしの語ろうとしている都市（東京）は，次のような貴重な逆説，《いかにもこの都市は中心をもっている。だが，その中心は空虚である》という逆説を示してくれる。禁城であって，しかも同時にどうでもいい場所，緑に蔽われ，お濠によって防禦されていて，文字通り誰からも見られることのない皇帝の住む御所，そのまわりをこの都市の全体がめぐっている。(バルト，1996：54)

　バルトは皇居という「空虚さ」こそが，東京という都市に意味をもたらしていると主張する。「空虚さ」があるがゆえに，東京は意味が充溢した場所となっているのだと，バルトは言う。「女子」という記号の「無意味な空虚さ」も，同様ではないか。「女子」という記号の「無意味な空虚さ」は，社会的にまったく無意味なのではない。逆である。それは，新たな形で深部にまでジェンダー規範を浸透させるものとして機能し，その点でジェンダーの新たな意味を充溢させてい

くのである。

　このように考えるならば，「女子旅」はジェンダーとの関わりにおいて，新たなる陥穽をもたらすものとなっていると言えるだろう。ポスト『ジェンダー・トラブル』の時代を生きる私たちは，今後，観光において，ジェンダーをいかにとらえていくべきなのか。―このことを考えていくうえで，「女子旅」の考察は今後，一層不可欠なものとなっていくにちがいない。

✪　考えてみよう

1. 「女子」とはどんな人のことを言うのだろう。
2. 「女子旅」とはどのような旅行・観光のことを意味するのだろう。
3. ジェンダーが観光においてどのような場面でみられるのか，本章以外の例を考えてみよう。

[引用・参考文献]

- 石川美子（2015）『ロラン・バルト―言語を愛し続けた批評家』，中央公論新社.
- 石森秀三・安福恵美子（2003）『観光とジェンダー』，国立民俗博物館.
- 上野千鶴子（2013）『〈おんな〉の思想』，集英社インターナショナル.
- 遠藤英樹（2011）『現代文化論―社会理論で読み解くポップカルチャー』，ミネルヴァ書房.
- 遠藤英樹（2017）『ツーリズム・モビリティーズ―観光と移動の社会理論』，ミネルヴァ書房.
- 河原和枝（2012）「『女子』の意味作用」，馬場伸彦，池田太臣編著『「女子」の時代！』所収，青弓社，17-35.
- 阪井俊文（2016）「現代社会とジェンダー」，濱野　健，須藤　廣編著『看護と介護のための社会学』所収，明石書房，39-59.
- 鈴村和成（1996）『バルト―テクストの快楽』，講談社.
- 堀野正人（2011）「ホスピタリティ」，安村克己，堀野正人，遠藤英樹，寺岡伸悟編著『よくわかる　観光社会学』所収，ミネルヴァ書房，158-159.
- 前田　勇（2007）『現代観光とホスピタリティ』，学文社.
- 安福恵美子（2004）「ツーリズム・プロダクトとジェンダー」，遠藤英樹，堀野正人編著『「観光のまなざし」の転回―越境する観光学』所収，春風社，169-182.

- 米澤　泉（2014）『「女子」の誕生』，勁草書房．
- バトラー，J. 著／竹村和子訳（1999）『ジェンダー・トラブル―フェミニズムとアイデンティティの攪乱』，青土社．
- バルト，R. 著／下澤和義訳（2005）『現代社会の神話』，みすず書房．
- バルト，R. 著／宗　左近訳（1996）『表徴の帝国』，筑摩書房．
- ホックシールド，A.R. ／石川　准，室伏亜希訳（2000）『管理される心―感情が商品になるとき』，世界思想社．
- スコット，J.W. ／荻野美穂訳（2004）『ジェンダーと歴史学』，平凡社．

[資料]
- 世界一周 NAVI 編集部（2017）『世界一周　女子旅 BOOK』（改訂版），イカロス出版．
- 馬庭教二他（2015）『金沢女子旅』，株式会社 KADOKAWA．
- 朝日新聞デジタル（2017）「『女子力』って？：1　そのイメージ」．2017年3月18日参照，http://www.asahi.com/articles/DA3S12759475.html
- 学研教育総合研究所（2015）「小学生白書 web 版（2015 年）」．2017年3月18日参照，http://www.gakken.co.jp/kyouikusouken/whitepaper/201510/index.html
- 内閣府（2016）「男女共同参画社会に関する世論調査（平成 28 年度）」．2017年3月18日参照，http://survey.gov-online.go.jp/h28/h28-danjo/index.html

第2章 現代「女子」観光事情

友原嘉彦

　本章では現代日本における若年女性の観光事情を探った。まず2010年代に入って注目が高まっている「女子旅」について島根県出雲市を事例とした国内調査とガイドブック研究から論じた。つぎに「女子旅」の海外の目的地として人気の高い西欧三都市（パリ，ブリュッセル，ロンドン）を事例とし，「女子旅」の移動と行動の特性について明らかにした。さらに個人としての「女子」に着目し，タイの首都バンコクとイタリアの二都市（ローマ，フィレンツェ）を事例として，「一人旅女子」の内面について探った。これらの研究を通して，「女子」の観光の傾向を主として四つのタイプにカテゴライズした。

パリを流れるセーヌ川

バンコクを流れるチャオプラヤ川

1　「女子旅」ブームの到来と市場の確立

● 「女子旅」とは何か

　「女子会」，「女子力」，「理系女子（リケジョ）」など「女子」という語が巷で

使用されるようになって久しい。馬場（2012）は「年齢は不問とされ，（中略）『少女』の代理である『女子』ではない」，また，「当事者である『女性』自身が自称として語ったいわばグループ名なのであり，あるいは女性雑誌などが女性読者の共感を獲得するために付与したキャッチフレーズなのである」と述べている。こうした年齢にとらわれない，自分達の「グループ名」としての「女子」の使い方について，河原（2012）は「マンガ家の安野モヨコが雑誌『VoCE』（講談社）に連載した『美人画報』に用いてからだといわれる」とし，単行本の『美人画報』シリーズの2冊目である『美人画報ハイパー』（2001）のあとがきに示された「女子力」，「女子」という使われ方を引用し，紹介している。それから10年後の2011年にはCiNii（国立情報学研究所のデータベース）上で「女子旅」という語を付した雑誌記事のタイトルが初出している。

　それでは「『女子旅』とは何か」について，「女子旅」目的地として確固たる地位を築いている出雲市を例に考えてみよう。出雲市には「縁結び」で有名な出雲大社があるが，友原（2015 b）によると出雲市が「縁結び」という観光資源を活かした「女子旅」誘致に注力し始めたのは2005年頃からであり，それまでは彼の地に伝わる神話や考古学的価値のあるものを観光資源のメインに据えていたという。さらに，出雲市において2014年8月に18歳から33歳の女性観光者132人へのアンケート調査を行った結果，98%が複数人での訪問であることも示した。「女子旅」の一つめの特徴として，この「複数人でわいわい賑やかに観光を行う形態」であることが挙げられる。また，この調査の際に筆者は出雲大社（周辺）以外にも「女子旅」向けのガイドブック「ことりっぷ」（2014年，昭文社）に掲載されている観光資源（吉兆館や旧大社駅，県立古代出雲歴史博物館，県立宍道湖自然館ゴビウス，須佐神社，日御碕神社，日御碕灯台，湯の川温泉など）を訪れたが，調査対象者となる観光者には出会わなかった。この点から短期間の滞在である「女子旅」観光者は主に出雲大社（周辺）をピンポイントで観光していると言える。このように，二つめの特徴は「短期間・ピンポイントの観光」である。最後にこの調査で筆者は「ことりっぷ」を初めて使用したが，全体的な色彩やレイアウトのトーンこそ「るるぶ」（JTBパブリッシング）や「まっぷる」（昭文社）といったカタログ型ガイドブックより落ち着いているが，内容はあまり変わらず，「おしゃれでかわいい」作りであり，グルメとショッ

ピングの情報に相当な分量を割いている。この「おしゃれでかわいい，グルメ＆ショッピング」といった点への重視が三つめの特徴である。

● 「女子旅」隆盛の時代

ではなぜ昨今，「女子旅」が注目されているのだろう。四年制大学進学率の高まりを受け，女子学生が増えたが，学生は確かに（旅に出る）時間がある。また，「社会人女子」にしても，男女共同参画社会の今，フルタイムで働いており，とくに未婚で子もいない者は金銭的にも時間的にも余裕があることなどが挙げられよう。しかし，これらは「男子」も同じである。なぜ「女子」なのか。

図2-1は男女が年齢別にどれだけ海外に出かけたかを示すグラフである。これを見ると女性は20代から30代前半が最も高くなっている。男性では40代から50代前半が最も高いが，男性の場合，海外へは専らビジネス関係の渡航が多いのではないかと推察される。一方，女性は10代後半でも男性に差をつけているが，これは高校卒業後の18歳，19歳が男性を引き離しているのだろう。出産，育児，そしてこれまでは専業主婦かパート，アルバイトといった働き方が多かった女性

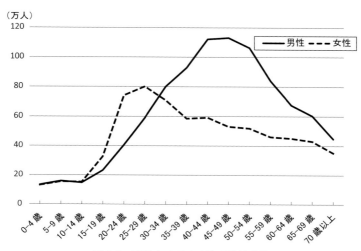

図2-1　2015年の日本人海外渡航者数

（法務省資料「住所地別　出国日本人の年齢及び男女別」http://www.moj.go.jp/housei/toukei/toukei_ichiran_nyukan.html 2017年3月30日参照を基に筆者作成）

は30代後半頃より緩やかに海外渡航者数が下降している傾向にある。女性の社会進出（正社員としてのフルタイムでの勤務）や非婚化の進む今後は30代後半からの海外渡航者数が徐々に上がってくるかもしれないが，女性は20代や30代前半といった若いうちに（留学やワーキングホリデーもあるにしても，ビジネスではない）「純粋」な海外旅行をしている者が多いと見て取れる。世界へ飛び出す若者は女性の方が多く，非日常の時間でたとえばグルメやショッピングも楽しめるなど「女子」と旅行は親和性が高いのだ。

◉ 「女子旅」ブームを作り，煽って，支えるメディアと観光地

すでに述べたように海外へも含め，旅に出る「女子」に注目しているのがメディアや観光地である。ガイドブックについてはすでに触れたが，友原（2015 a）の研究もある。1979年に「地球の歩き方」が創刊。2000年代前半頃まで専らバックパッカー用であったが，使用する性別は現在に至るまでとくに感じさせられない。そして1980年代の半ばから後半にかけて「るるぶ」や「まっぷる」といったカタログサイズでゴテゴテしたカオス的な作りのガイドブックが登場，拡充してきた。これは「女子」を意識したガイドブックの作りの萌芽であり，かつ，ニーズをうまく掴んで，現在まで続いている。さらに，2010年頃より「ことりっぷ」，「ララチッタ」（JTBパブリッシング），「aruco」（ダイヤモンド・ビッグ社）などがシリーズを揃えて市場に出回ってきた。これらは先に示したように内容はカタログ型ガイドブックとそれほど違いはないが，（とくに表紙は）派手さが抑えられ，「おしゃれでかわいい」作りとなっている。また，サイズがコンパクトになり，携帯しやすくなった。カタログ型ガイドブックが（テンションを上げた）複数人での使用に向いているのに対し，「ことりっぷ」などは1人での携行にも適している。もちろん「地球の歩き方」（ダイヤモンド・ビッグ社）や「タビトモ」（JTBパブリッシング）など（とくに使用される性別が意識されていない）従来型のガイドブックを使用する「女子」も多く，ガイドブックを一つ取っても「女子」は非常にたくさんの中から選択できるようになっている。

観光地のパンフレットもガイドブック同様に「女子旅」向けに作られたものを用意している自治体も多いが，「るるぶ」タイプのテンション重視のものではなく，「ことりっぷ」タイプの落ち着いた作りとなっていることが多い。日本国

第 2 章　現代「女子」観光事情

図 2-2 「るるぶ」(2016)

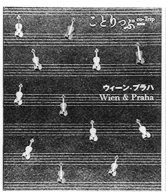
図 2-3 「ことりっぷ」(2015)

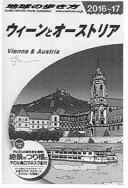
図 2-4 「地球の歩き方」(2015)

内の主な都市や地域，県などではこうした「女子旅」パンフレットを揃えているし，日本人の「女子旅」目的地として人気の高い諸外国のいくつかの都市なども同様である。一方，世界規模ではカップル文化や女性の自立性（「かわいいを卒業した大人な女性」）が強いこともあり，この種のパンフレットやガイドブックはあまり見られない。「女子旅」向けパンフレットやガイドブックは日本のみの独自の進化であると言えよう。

2　西欧における「女子旅」

● 西欧は「女子旅」の一大消費地

　西欧は海外の「女子旅」目的地の中で極めて人気が高い。前述の友原（2015 b）の出雲市における調査では「今後，最も行きたい観光地を一つ挙げてください」という設問に対し，132 人の若年女性観光者の 48％が欧州を挙げた。これはほぼ西欧を意味している。国別ではフランスは 26％，イタリアは 24％で，この両国だけで西欧の半分を占め，3 番目に高かった英国（11％）を大きく引き離した。この論文では，なぜ西欧が「女子旅」に人気の目的地であるかについて，
　（1）歴史的な遺産を数多く有している。
　（2）洗練された芸術で有名である。

(3) 先進国（安全）である。

の3点に収斂されるのではないかと分析し，とくに仏伊両国は（2）の点で世界的にも代替地が少ないことを挙げている。なお，先の質問に対し，欧州以下，「島嶼（リゾート）」18％，「北米・豪州」10％と続いているが，この辺りも（3）の先進国（地域）であり，実に上位から76％までが安全を重視していると推察される。また，対象の若年女性観光者を年齢別，学歴別に分けても欧州（＝西欧）がほかの地域に大差をつけた最も人気の目的地であることは揺るがなかった。そこで筆者は海外における「女子旅」の展開を研究すべく，その最たる目的地である西欧のパリ，ブリュッセル，ロンドンの三都市において2015年8月11日から31日までの期間，調査を行った。

● 西欧三都市における「女子旅」旅行者の実像

友原（2016）は既述の西欧三都市を訪れていた20-39歳の「女子旅」旅行者129人にアンケートを行った。まず一つの大きな特徴として「女子旅」旅行者は相対的に高学歴者が多いことが挙げられる。出雲市の調査でも対象者の66％が大学生か大卒者（短大は除く）であったが，西欧三都市ではこれが76％にまで跳ね上がった。文部科学省「学校基本調査」によると，2014年度の女子の大学進学率は46％である。「女子」同士であれ，旅行に出る「女子」は高学歴が多く，さらに目的地が海外となればその傾向はより顕著になることが示された。

つぎにガイドブックについてであるが，まず確実に使用が判明したのは76％であった。4人に1人程度はガイドブックを使用していない（13％）か，または，使用していない蓋然性が高い（不明・無回答11％）結果となった。現代ではスマートフォンなどを使用して容易にインターネットにアクセスできるため，ガイドブックの重要性は相対的に下がっている。ガイドブック使用者のうち，「地球の歩き方」や「タビトモ」など読者の性別に関係のない「一般用」を使用しているのは42％，「ことりっぷ」や「ララチッタ」など「女子旅用」は38％，「るるぶ」や「まっぷる」など「カタログ型」は20％であり，「一般用」と「女子旅用」が拮抗していることが明らかになった。なお，先程の学歴とクロスさせてみると，「一般用」使用者のうち大学生・大卒者は83％，「女子旅用」は同76％，「カタログ型」は同75％であった。対象者の76％が大学生・大卒者であることを踏

まえれば，「女子旅用」や「カタログ型」はあまり学歴の影響を受けていないが，「一般用」は高学歴層に好まれていることがわかる。

● 観光におけるパリの拠点性と周遊ルートの決定に対するガイドブックの影響

引き続き友原（2016）の調査によるが，「今回，とくに楽しみにしている（していた）都市（5都市まで自由記述）」を調査対象者に問うたところ，パリでの対象者（52人）の88%はパリを，ブリュッセルでの対象者（43人）の81%はブリュッセルを，ロンドンでの対象者（34人）の91%はロンドンを挙げた。その一方，パリでの対象者のうち他都市で10%を超えたのはロンドン13%とモンサンミシェル12%のみであったのに対し，ロンドンでの対象者ではパリ29%，オックスフォードが24%であり，ブリュッセルでの対象者はブルージュ47%，アントワープ30%，ゲント21%（いずれもベルギー国内），アムステルダム35%，パリ16%であった。ロンドンとブリュッセルの対象者が（パリでの対象者が両都市への訪問を楽しみにしている以上に）パリを楽しみにしていることがわかる。

また，ブリュッセルでの対象者はパリやロンドンの対象者の回答に見られなかったベルギー国内の都市が3都市も上位に挙がり，アムステルダムも35%という高い値となった（ロンドンでの対象者がアムステルダムを挙げたのは6%，パリでの対象者は5%未満）。ちなみにルクセンブルクも9%であり，パリやロンドンの対象者が5%未満であったことを勘案すれば高さが際立っている。

このように西欧三都市における「女子旅」では，パリが観光の拠点となっていること，そして，ブリュッセルでの対象者がベネルクス三国の諸都市を周遊していることから，移動がガイドブックの作りに強く影響されていることがわかった（ブリュッセルのみを取り上げたガイドブックはなく，ベルギーとオランダ，または，ベネルクス三国で一冊となっている。また，パリやロンドンは一都市のみを取り上げたガイドブックも多いが，主に日帰り可能な郊外の小都市もセットで取り上げている。筆者の調査でもパリでの対象者がモンサンミシェルを，ロンドンでの対象者がオックスフォードを訪れている割合が高いのはそのためであろうと考えられる）。このことは図2-5で示した。

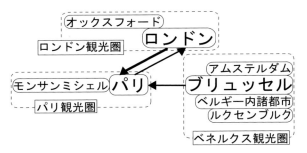

図 2-5　西欧三都市を取り巻く「女子旅」の広域観光空間としての関係性

3 　「アラサー女子」の海外一人旅

● 「アラサー女子」の海外一人旅の登場と定着

　図 2-1 で見たように「女子」の海外渡航は 30 歳前後の総称である「アラサー」まで相対的に高いが，10 代後半から 20 代中盤までとは旅行の形態に変化が生じてくる。すでに述べたように「女子旅」は「女子」のグループでの旅行がほとんどだが，「アラサー」になると結婚や出産をする者が増加するため，「女子」のグループでの旅行が難しくなってしまう。こうした中，非婚系，あるいは結婚を先送りする「女子」の一部に一人で海外旅行をする者が出てきた。その嚆矢であり，また著書の刊行（2014）により海外一人旅を志向する「アラサー女子」に影響を与えたのが眞鍋かをりである。眞鍋は連休を使って主に大都市のみを訪れ，旅先においても Twitter で様子や心境などを呟くなど気軽な海外旅行というスタイルで「女子一人旅」のハードルを下げた。これは 2010 年頃より台頭してきた「女子旅ガイドブック」の「女子」が旅に出やすいムードの創出とも相まっている。また，眞鍋は横浜国立大学卒業の才媛であり，著書刊行当時は未婚で子供のいない「アラサー」であったこと，仕事面での悩みも挙げたことなどから，①「（海外旅行と親和性の高い）高学歴」，②「未婚で子供のいない『アラサー』」，③「キャリア女子」（②と③は自由に使える時間とお金がある）という「海外一人旅女子」の典型像をも身をもって示した。

● 「アラサー女子」の海外一人旅のスタイル

友原（2015 a）では，高学歴「アラサー」女性の海外一人旅の特徴を以下の 3 点にまとめている。

(1) 「自分探し」のためではなく，現在の自分を進化させる，現在の自分を基調としながらも少し新しい自分になるための旅行。
(2) 豪華旅行でも貧乏旅行でもない「自然体」の旅行。
(3) 目的地は世界各地で偏りが（少）ない。リゾートよりも名所旧跡のある目的地を選択している。

これらが典型像であるが，小林　希の「アラサー一人旅本」（2014, 2016）のように長期間の「自分探し」系のバックパッカー旅行ももちろん存在する。観光学界ではバックパッカーは一般的に 35 歳辺りまでとされており（友原，2011），会社を辞めて出た小林のようなケースもあるが，それも概ね上記（3）に該当する。

4　「海外一人旅女子」の実相

● 東南アジアにおける「一人旅女子」

本章では筆者が 2016 年に行った海外一人旅の「女子」の調査から実相を見ていく。まず同年ゴールデンウィーク（4 月 29 日〜5 月 8 日）にバンコクにて行った調査から同地における「一人旅女子」を見てみよう。表 2-1 はバンコクにおける「一人旅女子」の 20 代 30 代の調査対象者計 15 人について「アラサー前」，「アラサー」，「アラサー後」と年齢の括り別に三つに分けたものである。まず，学生がいなかったことについて注目したい。ゴールデンウィークという短い期間であり，また，航空券などの料金が高くなるため，この時期を避けたのかもしれない。一人暮らしは 73％，夫婦二人暮らしの者を除けば，79％になる。婚姻については 93％が未婚，子供がいない者は 100％であった。

最終学歴としては「アラサー前」が全員大卒（とくに有力大が多い）である一方，「アラサー」や「アラサー後」では非大卒者の割合が高い（非大卒者 70％）。また，前者は正規職が 80％であるが，後者は 50％となる。この「アラサー前・大卒系・正規職系」と「アラサー以後（『アラサー』と『アラサー後』）・非大卒系・非正

表 2-1 バンコクにおける「一人旅女子」の基本データ

仮名	年齢	居住形態	雇用形態	最終学歴	婚姻	子供	今回の旅行の宿泊数	これまでに訪れた外国の数
まなみ	24	一人暮らし	正規	大卒（横浜市立）	未婚	無	3	13
みき	24	実家暮らし	契約	大卒（立命館）	未婚	無	6	7
さなえ	25	一人暮らし	正規	大卒（上智）	未婚	無	6	5
まこ	25	一人暮らし	正規	大卒（熊本）	未婚	無	4	2
ようこ	26	実家暮らし	正規	大卒（立命館）	未婚	無	8	4
ちひろ	27	一人暮らし	契約	高卒	未婚	無	3	2
しほ	29	一人暮らし	正規	高卒	未婚	無	7	4
なお	30	一人暮らし	正規	専門学校卒	未婚	無	5	4
おりえ	31	実家暮らし	無職	専門学校卒	未婚	無	90	10
なるみ	33	一人暮らし	無職	大卒（北里）	未婚	無	50	20
あかね	34	一人暮らし	正規	大卒（帝塚山）	未婚	無	2	6
よしえ	34	一人暮らし	正規	専門学校卒	未婚	無	9	20
ちあき	36	一人暮らし	正規	高卒	未婚	無	5	2
えりか	37	夫婦二人暮らし	契約	短大卒	既婚	無	5	7
みずほ	38	一人暮らし	派遣	大卒（福井）	未婚	無	5	26

規職系」は以後の多くの点においても違いが見られる。なお、「今回の旅行の宿泊数」や「これまでに訪れた外国の数」は属性との何らかの関係性は認められなかった（これはつぎに示すイタリアでの調査結果でも同じであった）。

つぎに自由回答が期待できる5項目を尋ねた。一つめは「今回の旅行のメインである街・地域とそこでの第一目的」についてである。

　　ちひろ「バンコクでグルメ」
　　なるみ「バンコクでグルメとショッピング」
　　まこ「バンコクでショッピングとマッサージ」
　　えりか「バンコクでマッサージと寺院などパワースポット巡り」

これらは一人旅版の「女子旅」であるが、ちひろ、なるみ、えりかといった「アラサー以後」からの回答が目立った。これについての回答はさらに続く。

　　まなみ、さなえ「アユタヤで遺跡巡り」（バンコクの近くの街）

みき「チェンマイで寺院巡りとカフェでのんびり」（タイ北部の街）
　おりえ「ルアンパバーン」（隣国ラオスの歴史都市・世界遺産）
　みずほ「アンコールワットで遺跡巡り」（隣国カンボジアの世界遺産）

　首都であり大都会のバンコクではなく，相対的に規模の小さな都市・地域を旅のメインに挙げ，遺跡や寺院を巡る形態も多く見られる。この形態はまなみ，さなえ，みき，みずほのように有力大学を卒業した者が目立つ。また，

　ようこ「タオ島でワンランク上のダイビングの資格を取得」（タイ南東のタイ湾に
　　浮かぶ島）

のような，行動的な者もいるが，ようこも有力大学卒業の高学歴女性である。二つめは「仕事」についてである。

　さなえ，まこ「順調」
　ちひろ「しばらくは続ける」
　まなみ「とりあえず結婚するまでは続けたい」

といった主に「アラサー前・大卒系・正規職系」（さなえ，まこ，まなみ）からの前向きな声もあったが，

　ちあき「お金を稼ぐために。やりがいはない」
　なお「青年海外協力隊に応募中」
　みき「就職活動で挫折して今の会社に契約社員として入社。しばらくしたらワーキ
　　ングホリデーでカナダに行く」
　えりか「転々と」
　みずほ「転々と。旅に出るための費用稼ぎ」

といった，やりがいもなく，転職を考えたり，繰り返したりしている者も多く，これらは「アラサー以後・非大卒系・非正規職系」（ちあき，なお，えりか，

みずほ)からの回答が目立った。三つめは「結婚と子供」についてである。

 ようこ，ちひろ，しほ，なお，おりえ，なるみ，あかね，ちあき「結婚したいし，子供も欲しい」
 まなみ「28歳までに結婚して，30歳までに第一子を。3人産みたい」
 みき「30歳までに結婚したい。子供も欲しい」
 さなえ「結婚したら一人旅ができないのでまだいい」

という「結婚したいし，子供も欲しい」や"まだ"いい」といった結婚と出産・育児の希望とが連動した回答が多いが，主に「アラサー以後・非大卒系・非正規職系」は漠然と望んでいるのに対し，主に「アラサー前・大卒系・正規職系」は計画的に考えていたり，現状では先送りしたりしている。また，

 みずほ「結婚したいけどできない。でも子供は欲しい」
 まこ「結婚したいけど向いていない。でも子供は欲しい」
 よしえ「結婚に魅力を感じていないけど，子供は欲しい」
 おりえ「結婚はしたいけど，子供は欲しくない」

のように，結婚（を必ずしもすること）と出産・育児希望が連動していないケースも少なからず見られた。なお，この調査での唯一の既婚者であるえりかは「33歳で結婚したけど，子供はもう考えていない」とのことである。四つめは「次回など近々の一人旅目的地」についてである。

 ようこ「またタイに」
 なお「カンボジアとラオス」
 あかね「ラオス」
 ちひろ，よしえ「ベトナム」
 みき「台湾」
 おりえ「インド」
 ちあき「インドかモロッコ」

さなえ「エジプト」
　みずほ「ウユニ塩湖」(ボリビアの有名自然観光地)
　まこ「グランドキャニオン」(米国の有名自然観光地)
　えりか「パリ」

　概して「アラサー以後・非大卒系・非正規職系」の発展途上国への志向が目立つ。一方，金銭的にも余裕のある(見込める)「アラサー前・大卒系・正規職系」は中進国や先進国への志向が強い傾向にある。最後に五つめとして「自身の一人旅への影響」についてである。

　みき，さなえ，おりえ「ブログの旅行記を読む」
　えりか「友達のフェイスブックの書き込みを読む」
　みずほ「『あいのり』や『猿岩石』の影響」(「あいのり」は初対面の者同士が恋愛をしながら旅をするというテレビ番組［1999〜2009年］。「猿岩石」は1996年のテレビ番組の企画でユーラシア大陸をヒッチハイクで横断することで人気を博した)
　ちあき「『深夜特急』や角田光代の紀行文の影響」(『深夜特急』は沢木耕太郎の紀行小説シリーズ。1986〜1992年刊行。全3巻)

　ブログやSNSといったインターネットの影響が強いと見られる一方，みずほやちあきのように20年，30年前の自身が児童・生徒だったときのテレビ番組や書籍が現在に至るまで影響しているという者もいる。

● 西欧における「一人旅女子」
　つぎに2016年8月7日〜23日にローマとフィレンツェで行った調査からイタリア「一人旅女子」を見てみよう。表2-2は両都市における「一人旅女子」の20代30代の調査対象者計5人について，表2-1同様「アラサー前」，「アラサー」，「アラサー後」と年齢層別に三つに分けたものである。お盆の時期で航空券などの料金も高くなることもあってか学生とは会わなかった。また，そもそも調査対象者の絶対数が少なかった。お盆はゴールデンウィークとは違い，休みの取り方

表 2-2　イタリアにおける「一人旅女子」の基本データ

仮名	年齢	居住形態	雇用形態	最終学歴	婚姻	子供	今回の旅行の宿泊数	これまでに訪れた外国の数
たえこ	25	一人暮らし	正規	大卒（関西学院）	未婚	無	7	8
しおり	26	一人暮らし	契約	大卒（京都産業）	未婚	無	10	5
あい	26	一人暮らし	正規	大卒（立教）	未婚	無	3	13
かよ	29	一人暮らし	正規	大卒（米大学）	未婚	無	7	15
みはる	30	一人暮らし	正規	大卒（筑波）	未婚	無	7	12

が不規則で，比較的物価が高く，遠方のイタリアを調査地としたことも影響しているだろう。表 2-2 を見ると，全員が一人暮らしの（有力）大学卒業者であり，雇用についても 80％が正規職（契約職の 1 人はテレビ局のアナウンサー）である。未婚が 100％，子供がいない者も 100％であった。

さらに前節と同じく自由回答が期待できる 5 項目を尋ねた。一つめは「今回の旅行のメインである街・地域とそこでの第一目的」についてである。

　あい「ローマで芸術鑑賞」
　かよ「フィレンツェ。街並みと大聖堂」
　みはる「ローマ，フィレンツェ，ミラノ。世界遺産，美術館，教会」
　たえこ「アマルフィ海岸できれいな海を見る」
　しおり「マルタできれいな海を見る」

都市部を挙げた者と海岸リゾートを挙げた者との二つに分かれた。二つめは「仕事」についてである。

　みはる「今の会社でずっと続ける」
　かよ「何がやりたいか考えている。今は秘書だけど，会社の中で部署を異動したい。仕事一筋にはなりたくない。ワークライフバランスが大切。ただ，自分がいないと困ると思われるようにはなりたい。結婚，出産したいが，海外出張もバリバリしたいので悩み中。今のパートナーと結婚したら海外での駐在もありえるが，その場合どうしよう」

しおり「しばらくは続ける」
　　たえこ「もう1度スペインに語学留学したい。転職も考えている。日本語教師や
　　　翻訳の仕事がしたい」
　　あい「旅行に出るための費用稼ぎ。結婚するまでは続ける」

　とりあえずは続ける意向を示してはいるが，心境の揺れ動く者もいる。三つめは「結婚と子供」についてである。

　　しおり「早く結婚したい。子供も欲しい。理想は3人」
　　みはる「近い将来に結婚する。子供も欲しい」
　　あい「2,3年以内に結婚したい。子供は2人欲しい」
　　たえこ「30歳までに結婚したい。子供も欲しい」
　　かよ「子供が欲しいので，そのために結婚したい。2,3年後かな」

　結婚や子供については全員肯定的な意見であった。四つめは「次回など近々の一人旅目的地」についてである。

　　しおり，かよ，みはる「ヨーロッパ」
　　たえこ「東南アジア」

　国や都市ではなく，すべて広域での回答であったが，欧州の人気が高い。最後に五つめとして「自身の一人旅への影響」についてである。

　　たえこ「映画の『ローマの休日』や『冷静と情熱のあいだ』の影響」(『ローマの休
　　　日』は1953年の映画。『冷静と情熱のあいだ』は辻　仁成と江國香織の小説 [1999
　　　年] が原作の2001年の映画でイタリアも舞台である)
　　かよ「映画の『グラン・ブルー』や『リスボンに誘われて』の影響」(『グラン・ブルー』
　　　は1988年の映画で欧米が舞台である。『リスボンに誘われて』は2013年の映画)
　　あい「映画『天使と悪魔』の影響」(『天使と悪魔』はDan Brown著の2000年の小
　　　説を基に作成された2009年の映画でイタリアも舞台である)

影響を答えた者はすべて映画を挙げた。ほとんどが洋画であり，すべて欧米が舞台である。映画を挙げたものは前節のバンコクでの調査では15人中1人もいなかったが，欧米と東南アジアでは作成され（，かつ，有名にな）る映画の本数自体が異なることもその一因であろう。

5　まとめ

本章では主に「女子旅」の動向から「一人旅女子」の特徴までを追った。これらを通して，旅行する「女子」の傾向（異性を含む旅行は除く。ただし，異性を含んでも似通った傾向になることが予想される）をまとめたものが図 2-6 である。AA30（高学歴「アラサー女子」）にしても，NAA30（非高学歴「アラサー女子」）にしても，「社会人」は個人での旅行がほとんどになるが，教養を重視するか「楽しむ」（楽しければよい）を重視するかで溝が生じる。同じ高学歴層でも「アラサー前の女子」（A20）は集団での旅行の志向が強く，NA20（非高学歴「アラサー前女子」）はさらに顕著である。また，NA20 は A20 や NAA30 と比べてもさらに「楽しむ」を重視する傾向にあり，「大人の女子の旅」をしているとも換言できる AA30 とは対極に位置している。これら4タイプ，さらに各タイプ内の個人差も含め，今後は観光地側がどう対応しているか，していくのかについて検討してい

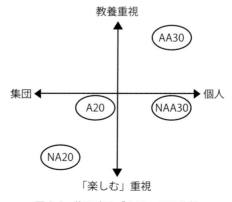

図 2-6　旅行する「女子」の四分類

く必要性が高まるのではないだろうか。

> ★ **考えてみよう**
> 1. 年齢とともに集団から一人旅へとシフトする「女子」の旅。「アラサー後」は旅行者が少なくなるが，これはなぜだろうか。結婚・出産・育児が関係しているとも考えられるが，それ以外の要因はないだろうか。「非婚のアラサー後の女子」と観光との関係性は今後どうなるのだろうか。
> 2. 観光地はどのように「女子」を受け入れる体制を整えるべきだろうか。
> 3. （メディアなどでは「女子」ほど取り上げられないが）「男子」の旅は現在，どのようなものになっているだろうか。

[引用・参考文献]
- 河原和枝（2012）「『女子』の意味作用」，馬場伸彦，池田太臣編著『「女子」の時代！』所収，青弓社，17-35．
- 小林　希（2014）『恋する旅女，世界をゆく──29歳，会社を辞めて旅に出た』，幻冬舎文庫．
- 小林　希（2016）『泣きたくなる旅の日は，世界が美しい』，幻冬舎．
- 友原嘉彦（2015 a）「高学歴『アラサー』女性の観光」，四日市大学総合政策学部論集，15（1），51-65．
- 友原嘉彦（2015 b）「女子旅と出雲市」，四日市大学総合政策学部論集，14（1,2），95-108．
- 友原嘉彦（2016）「西欧における日本人若年女性観光者」，四日市大学総合政策学部論集，15（2），119-128．
- 友原嘉彦（2011）「日本人バックパッカーの移動と行動──東南アジアを例に──」，日本国際観光学会論文集，18，55-60．
- 馬場伸彦（2012）「はじめに──いまなぜ女子の時代なのか？」，前掲『「女子」の時代！』，9-16．
- 眞鍋かをり（2014）『世界をひとりで歩いてみた　女30にして旅に目覚める』，祥伝社．

[資料]
- 法務省資料（N.D.）「住所地別　出国日本人の年齢及び男女別」．2017年3月30日参照，http://www.moj.go.jp/housei/toukei/toukei_ichiran_nyukan.html

第 3 章

巴里／パリ・イメージの醸成
―パリに渡った女性たち

茨木博史

「ここが，世界の文化の中心の，そのまた中心なんだからなア」
　横光利一の小説『旅愁』の登場人物，久慈はパリのコンコルド広場でそう讃嘆した。明治の近代化以降，多くの日本人が「文明国」フランスの首都パリに憧れを抱いてきた。現在まで多くの日本人がパリに渡り，この「花の都」についての見聞録も数え切れぬほど残されている。本章では戦前の与謝野晶子や林　芙美子らの女性作家たち，戦後の高峰秀子らのパリ滞在記が，女性の視点からどのような巴里／パリのイメージを伝えたか，を見る。

セーヌ河とパリの街並み

1　はじめに

　日本とフランスとが，近代的な意味で正式な国交を開いたのは，1858 年の日

仏修好通商条約によってである。日本は江戸時代の末期，フランスはナポレオン三世による第二帝政の時代であった。明治維新以降，わが国は近代化を目指すなかで「文明国」フランスから多大な影響を受けてきた。19世紀の後半から20世紀の前半にかけて，フランスはその繁栄と権威の絶頂にあった。そして，そのフランスの首都であるパリは，ナポレオン三世の時代に有名なオスマンの大改造により近代都市に生まれ変わり，今日でも中心部はほぼそのときの姿を保持している。ドイツの思想家ヴァルター・ベンヤミンはパリを「19世紀の首都」と呼んだ。フランスはパリを中心に栄える自らの文明を，ときにごう慢なほどに誇ってきた。ほとんどの人が，「芸術の都」，「花の都」，「ファッションの都」，等々，パリについて何らかの形容句を聞いたことがあるだろう。19世紀末から今日にいたるまで，多くの日本人にとってパリは憧れの場所であり続けている。

　パリは日本からはるか遠い場所にある。東京や大阪からパリまで直行便で飛んでも，12時間以上の長旅である。21世紀の今日でも，パリに行くだけで一日がかりである。まだ飛行機のない明治・大正時代には，船で行けば一月以上，20世紀初めに開通したシベリア鉄道を利用した場合でも二週間以上もかかった。にもかかわらず，そんな明治・大正時代から，旅行で，留学で，あるいは，仕事で，数え切れない日本人がパリに渡った。そして，当然，多くのパリ滞在記が生まれた。

　近年でも，旅行会社などが行う「行きたい国ランキング」の類で，フランスはヨーロッパの国の中では常に上位にあがっている。そして，フランスはどういうわけか，日本の女性を惹きつける国でもある。フランス＝パリ，ではもちろんないが，パリをまったく念頭に置かずにフランスに興味を覚え，旅行を考える人は少数派であろう。

　ここでは，明治の歌人与謝野晶子から昭和の映画スター高峰秀子まで，女性が残したパリ滞在記をふり返ることで，日本の女性にとっての巴里／パリとは，どのような都市であったかを検討してみよう。

2　女性作家たちのパリ：与謝野晶子と林　芙美子

　日本人によるパリ滞在記は，19世紀の後半からすでに書き残されている。

1867年のパリ万国博覧会に将軍の名代として派遣された徳川昭武の補佐役として随行した栗本鋤雲は，1868年までパリに残り，「暁窓追録」という渡仏見聞録を書いた。また，維新直後には1872年から欧米を巡った成島柳北が「航西日乗」を記している[1]。柳北が「巴里の市街を遊歩す，屋宇道路の美麗清潔なる，人をして驚愕せしむ」と書くなど，二人ともパリの石造りの壮麗な街並みと，それを生み出したフランスの文明の力とに，率直な感嘆をもらしている。以後，パリ滞在記は続々と生み出されていくわけであるが，言うまでもなく，明治から昭和の前半まで，パリに渡るというのは特権的な体験であった。現在のように，大学生でもアルバイトでお金を貯めれば行くことができる，そんな場所では到底なかった。当時パリに行くことができたのは，政府の派遣する役人や公費の留学生，資産家の子弟などにかぎられていた。作家などいわゆる知識人の場合も同じである。永井荷風のような富裕家庭の生まれでなければ，公費や出版社，友人知人などから援助を得るか，流行作家として印税に恵まれるか，ともかく，どれほど憧れがあっても，おいそれと渡仏できるものではないという時代が長く続いた。そのような状況のもとでは，パリに渡る日本人の数に大きな男女差があった。圧倒的に男性の方が多かったのである。よって，必然的に活字となったパリ滞在記も，女性の書き手によるものは男性によるものに比べてずっと少なかった。そのことを，まず指摘しておきたい。この章では，そんなかぎられた女性のパリ滞在記の中から，与謝野晶子と林芙美子のものをとりあげてみよう。

処女歌集『みだれ髪』や1904年に発表した「君死にたまふことなかれ」で有名な与謝野晶子が，夫でやはり歌人として名を成していた寛（鉄幹）のあとを追ってシベリア鉄道経由でパリに渡ったのは，1912年，元号でいえば明治45年の5月のことだった。日本から15日間の旅であった。渡航の費用は，森鷗外の口利きで資金援助を受けるなどして工面したという。晶子はこの年の9月にこんどはマルセイユから船に乗って一人で帰国した。二人は1914年に「合著」という形で『巴里より』という滞在記を出版している。実は二人が訪れたのはパリだけではない。パリの滞在が一番長いが，ロンドン，ブリュッセル，ベルリン，アントワープ，ウィーン，アムステルダムなどにも滞在し，それぞれの都市の印象も律儀に分量を割いて記している。にもかかわらず，この本のタイトルが「ヨーロッパより」ではなく，「巴里より」となっていることは示唆的であろう。寛は「『巴

里より』の初めに」と題した冒頭の文章で「予等（よら）は日夜欧羅巴（ヨーロッパ）に憧れて居る。殊（こと）に巴里が忘れられない[2]」と説明している。ヨーロッパの諸都市の中でも、パリは特別なのである。

　さて、晶子はパリについて何を書いたか。寛と比較しながら見ていこう。寛のパリ滞在記には、様ざまな観光地、美術館、作家や芸術家たちの名前、といった固有名詞がふんだんに出てくる。ソルボンヌ大学、パンテオン、サンジェルマン、ユゴー、ルソー、モリエール、ロダン、モネ、セザンヌ、ドガ、等々、数えあげればきりがないほどである。さらに現地で出会った日本人の芸術家や和田垣博士、といった人たちとの交流録も細かに綴られている。日本人が仰ぎ見るフランスの文明を自らの目で見られたことを、誇り、伝え、教えなければならないという自負が感じられる。このような、文明の伝道師を自負しているかのような態度というのは、日本の男性知識人の文章に多く見られるものである。一方、晶子の文章にもロダンなど有名人の固有名詞がまったく登場しないわけではないが、寛のそれに比べればずいぶんと少ないのが印象的である。洋行の高揚感を端々から感じさせる寛の文章に比べ、晶子は感傷的な記述が目立つ。実際、日本に残してきた7人の子どもらの心配などもあり、彼女は「巴里の文明に就（つ）いては良人が面白がって居る半分の感興も未だ惹かない」などと嘆息している。しかし、そんな晶子が大変興味を持って観察しているのが、パリの女性たちだ。彼女はフランスの女性のファッションについて「自分が仏蘭西（ふらんす）の婦人の姿に感服する一つは、流行を追いながら而（しか）も流行の中から自分の趣味を標準にして、自分の容色に調和した色彩や形を選んで用い、一概に盲従して居ない事である」と感心している。観察は化粧の仕方や髪型のあれこれなどの外見から、日常の立ち居振る舞いまで、微に入り細にうがっている。髪型については、「欧州婦人の髪型」と題してわざわざ一章を割いているほどである。異国の同性を観察することは、一方で、わが身と日本人女性の状況とを振り返る機会ともなる。晶子は和服を着てパリの街を歩いていると、「見世物の様に人の目が自分に集まる」ことに戸惑う。さりとて、当時のヨーロッパの女性たちが締めていたコルセットには慣れず、「洋服を着る事が一つの苦痛である」とも述べている。当時の日本においては、男性に比べると女性の社会的身体の西洋化は遅れていて、晶子はそれを現地で実感させられることになったのだ。彼女はまた「欧

州の女は何（ど）うしても活動的であり，東洋の女は静止的である。静止的の美も結構であるけれど，何（ど）うも現代の時勢には適しない美である。自分は日本の女の多くを急いで活動的にしたい」とも述べ，女性運動家らしい記述も多い。パリの女性に対して，晶子はただ感心しているばかりではない。ロンドンも訪れた彼女は，女性の社会進出についてはフランスよりもイギリスの方が進んでいるとし，それは女子教育の普及の度合いによるものととらえている。ロンドンの印象を記した文章の中では，ロンドンの女性と比較してパリの女性は「軽佻で無智で執着に乏し相（そう）」だとか，「外面の化粧に浮身を寠（やつ）す巴里婦人」など，辛らつな事も書いている。そして，また一方では，日本女性の黒髪の美しさを強調するなどして，日本人としての矜持（きょうじ）も示していたりする。

　寛と比較したときの，晶子の文章の特徴として，もう一つ指摘しておきたいのは，なんでもない樹木や，庶民の暮らしとその周りにあるこまごまとした事物の描写の細やかさである。例えば，モンマルトルの丘の上，サクレ・クール寺院の近くにあるレストランに行ったときのことを書いた文章の中には，次のような一節がある。「場末街らしい小さい床屋に黄色くなった莢隠元や萎（しな）びた胡瓜の淋しく残った八百屋，廉（やす）い櫛や髪針の紙につけたのから箒，茶碗，石鹸などまでを並べた荒物屋，洗濯屋などがみじめに並んだ前の道では，そうした家家の女房子供が出て居る」。無名の庶民たちの生活の何気ない情景を，確かな観察眼でスナップショットのように描写している。このような何気ないパリの「生活」への執心は，晶子だけでなく他の女性の滞在記にも特徴的な事柄だといえる。なお，底本のこの箇所では，「莢隠元」には「アリコヱエル」，「胡瓜」には「コンコンブル」と，フランス語の呼び名のルビが振ってあるのも面白い。

　さて，「イメージ」という語には，心に浮かぶ印象という意味もあれば，絵画や写真，さらにはテレビや映画などで映し出される，「画像」や「映像」という意味もある。『巴里より』では本文中に折に触れて，パリの様々な場所の写真が添えられている。それらの写真は，20世紀の初めのパリの姿を伝えるものとしてそれなりに貴重ではあろうが，当時の写真技術と印刷技術との限界もあって，今の私たちの目にはずいぶんと不鮮明なものに感じられる。しかし，この本には他に，本文の前に3枚の挿絵が置かれている。この画を描いた人物名前は記されていないが，本文中の写真よりもこちらの挿絵の「イメージ」の方が，はるかに

図3-1 『巴里より』の冒頭に置かれた挿絵
パリの貴婦人のイメージだろうか。

図3-2 『巴里より』の冒頭，本文の前に置かれた挿絵
セーヌ河岸に並ぶ「ブキニスト」と呼ばれる古本屋の屋台を描いている。奥に見えるのはノートルダム大聖堂。

精彩があると感じる人が多いのではないだろうか（図3-1，図3-2）。明治期には，まだ写真というメディアが，一般に量も質もまだ貧弱であったことは，今日との大きな違いである。海外についての「イメージ」を考察する際，このことを念頭に置いておくのは重要なことと思われる。

　林　芙美子がパリに向けて旅立ったのは，1931年（昭和6年）11月のことだった。シベリア鉄道を使っての一人旅である。彼女がパリに行けたのは，『放浪記』の成功により印税収入があったからだった。彼女が帰国するのは翌年の6月のことである。この間，パリよりも短くはあるが，芙美子はロンドンでも暮らしている。この7か月ほどの体験は，1933年に『三等旅行記』と題して出版されている。「女だから，一人だから，三等旅行だからなぞと，別に珍しくもないことながら，外国への三等の費用が，どの位で行けるものかと，ぼちぼち書いておいた堆積（もの）が此（この）「三等旅行記」です」，芙美子はこんなふうに，本のタイトルの意味を，序文でやや自虐的に説明している。この本の一部は現在，立松和平氏の編集で『下駄で歩いた巴里』として岩波文庫に入れられている。「下駄で歩いた巴里」とは，もともと『三等旅行記』の中の一章のタイトルであるが，これが他の著作からも文章を取った芙美子の紀行文集全体のタイトルにされると

ころは，やはり興味深い。「巴里」の持つ訴求力がそうさせるのだろう。芙美子は『三等旅行記』とは別に，1941年に『日記』と題してヨーロッパ滞在記を発表している。こちらも戦後に再出版される際に『巴里の日記』となり，さらに全集では「巴里日記」となっていったという³⁾。

芙美子はパリで倹約生活を強いられた。もともとの資金が十分でなかったうえに，満州事変などの影響で為替相場が大きく動いたりしたことも，彼女の生活にさわった。滞在記には金銭の話が何度も出てくる。『三等旅行記』と現在全集に収められている「巴里日記」とは，重なる記述も多くあるのだが，違いは大きい。旅先から雑誌社に送り続けた紀行文がもとになっている『三等旅行記』は芙美子一流のユーモアにあふれた，視覚的で明るい文章が集められている。一方で，「巴里日記」は内省的で，全体的に陰鬱なトーンである。プロの文筆家である彼女は，求められる内容に応じて巧みに文章を書き分けているのだ。ただ，『三等旅行記』の方が虚飾的で，「巴里日記」の方が率直で実際をよく伝えているのか，というと話はそう単純にはいかないようである。後者も「日記」とはいいながら，多くの脚色がほどこされているらしい⁴⁾。私見を少し付け加えれば，芙美子のフランス語力に関する記述は，ややちぐはぐなところがあるように思える。どちらの本でも『無名の音楽家』という映画を観に行ったときのことが書かれているが，登場するレビューの踊り子たちの楽屋での会話を，芙美子は「あら！私のズロース誰かもって行ったア」「嫌だなア，ずぼんがほころびた」「あたいのネクタイした奴ないか」などと，ユーモアたっぷりにいきいきとした日本語に訳している。だが，彼女は，一方で「巴里日記」のなかで，簡単な挨拶や店でのやりとりでもなかなか自分のフランス語が通じなかったこと，アイスクリームを「グラス」ということも知らなかったこと，語学学校でも自分が一番下手であったこと，等々，フランス語にまつわる苦労話もたびたび書いている。聴くことと話すこととは同じではないとはいえ，これらの苦労話を読むと，芙美子は本当に映画の台詞をあれほどよく理解できたのだろうかと，疑問がわく。映画鑑賞の話もやや脚色があるのかもしれない。しかし，このような誇張や脚色が混じるのは，プロの書き手による紀行文にはありふれたことだろう。

芙美子のパリ滞在記にもまた，パリの普通の生活に対するミニチュアリズムがある。彼女の文章には，大上段に構え，「文明」について講釈するような態度

は決して見られない。視線が低い，とでも形容すべきか，何気ない事柄への細かな観察が光っている。時局の緊迫度の違いはあるにせよ，1936年に渡仏し，『旅愁』や『欧州紀行』で「日本主義」や東洋か西洋かという，大それた問題を，悲壮感たっぷりに延々と語ってしまう横光利一などとは，何と違っていることだろう。「巴里日記」には宿の台所の様子，街で買った食材，自炊した料理に関する記述もたびたび見られるが，これらは「女性ならでは」と言えるだろう。ジェンダー差のはっきりしていた当時，男性の作家や知識人の紀行文でこのような記述を見ることは，ほとんどあるまい。

　生活の上ではあれこれと悩みもあったパリ滞在だが，芙美子はこの街に強く惹かれていたようである。彼女がパリをロンドンと比較している箇所は面白い。『三等旅行記』の「ひとり旅の記」の章では，パリからロンドンに移っての感想として，「倫敦（ロンドン）では仕事がフンダンに出来そうな気がします。巴里では散々な気持ちでした。だが，オペラや，シネマや，音楽会には行けるだけ行って楽しみました」と記している。ここでの文章もやはり明るい調子で進んでいくが，ロンドンを離れる直前のことを書いた箇所では，「倫敦（ロンドン）！浅い日で論じる事は厚かましいが，要するに，芝居も，文学も，儀礼も，英国はもう田舎っぺの感じですよ」などと毒を吐いている。「巴里日記」にはさらに両都市を比較する箇所が見つかる。芙美子はロンドンに来てすぐにパリへの郷愁にとりつかれていたようだ。彼女はロンドンのことを「静かな街」だと繰り返し言っている。夫への手紙のなかでは「巴里では誰にも世話になりませんでした。めんどうでなくて住みいい都会です。倫敦（ロンドン）は京都のような静かな處（ところ）です。私の宿はケンシントンと云って倫敦（ロンドン）でも淋しい處（ところ）です。巴里のように植民地的でないのがいいと思いました。形式ばった處（ところ）ですけれど，ほんとに静かなよい處（ところ）です」と二度も繰り返して強調している。しかし，夫への手紙とは裏腹に，そこでの生活は，芙美子にとって「規則的で家族的ではあるけれども，何となくなじめないもの」だった。結局パリに戻った後には，「巴里は実によろしい。飄々として街を歩くことが出来る」と書いている。ロンドンに行く前にも，「巴里は立ち食いして歩いて平気な處（ところ）なり」などと書いており，彼女はパリの気張らない自由な空気が気に入っていたようだ。パリとロンドン，どちらの街を好むかは，もちろん人それぞれであ

る。しかし，ロンドンがどこか生真面目な雰囲気で，パリがそれと比べると享楽的で解放的であるという印象は，多くの人が賛同するのではないだろうか。アメリカの作家アーネスト・ヘミングウェイがパリを「移動祝祭日」と喩えたことなども思い出される。

そして，芙美子にとってもやはり，パリは美しい街であった。帰国の直前，彼女は「親愛なる巴里よ」と街に呼びかけ，「だんだん言葉や土地がわかりかけてくると，私は巴里の美しさにいまさら深く溺れているのに驚いている。巴里の街の美しさは非常なものだ」と別れを惜しんでいる。

3　「銀幕のスタア」のパリ：高峰秀子

第二次世界大戦において，日本とフランスは形の上では敵国どうしだった。しかし，両国は直接的にはほとんど戦火を交えることがなかったため，戦後両国民の間に大きな遺恨が生じるということはなかった。また，フランスは外交上の戦略から，旧枢軸国の日本に対し寛容で友好的な態度を取り，とくに文化面で積極的に交流を推進した。日仏の関係はおおむね良好なまま今日まで続いている。多くの日本人が，フランスに，パリに憧れ続けた。

しかし，戦後になっても長い間，パリに行くことはまだまだ一般市民にとって，かなえることの難しい夢であった。そもそも，留学など特別な理由のない海外渡航が許可されるようになったのが 1964 年，一年に一回限りという制限が撤廃されたのは，やっと 1966 年のことであった。海外旅行が一般市民に本格的に広まったのは 1970 年代以降といわれる。昭和の前半が過ぎるまで，パリへ行くことは依然として特権的な経験であったのである。そして，先に述べたとおり，その特権を得られるのは圧倒的に男性に偏っていた。そのような時代でも，1948 年に『巴里留学生―若きピアニストの手記』を書いた木村明子，パリに長年住み『巴里の芸術家たち』(1950 年) などを著した随筆家の福島慶子，パリでシャンソン歌手としてデビューを果たした石井好子の『巴里の空の下オムレツのにおいは流れる』(1963 年) など，女性の手による滞在記が出版されてはいた。しかしながら，全体としてみれば，パリについて語る言葉もまた，男性によるものが多くを

占めていた。そのことがよく分かる例として，雑誌「文藝春秋」の 1951 年 1 月号の特集，「巴里に在りて日本の明日を想ふ」をとりあげてみよう。これはフランス通の知識人をわざわざパリに集めて座談会をやるという企画で，会自体は前年の 11 月に開かれたようだ。出席者は阿部知二，小島亮一，森　有正，笹本駿二，高田博厚，といった顔ぶれの中に，フランス文学の翻訳や随筆で知られた朝吹登水子が紅一点で加わっている。男性 5 人に女性 1 人というこのジェンダーバランスの偏りが，すでにこの座談会の性格を物語っていよう。男性知識人たちが政治，文学，思想，歴史など，「大きな」問題について雄弁に語るなかで，登水子はあまり喋らせてもらえない。彼女の発言はわずか 3 回だけなのだが，男性陣が一通りあれこれ論じ合った後に振られて，2 度までも「私も別に申すことはありませんが」「別にこれといってございませんが」と，最初に遠慮がちな言い訳をして話している。しかし，登水子が話す内容はある意味で興味深い。「私もやっぱり三度もフランスへ来たし日本料理や中華料理よりフランス料理の方があと味がよくてずっと好きですけど，よく考えてみるとほんとうはすこし複雑な気持ちがあるのです。とにかく日本の醤油くさい生活から抜け出したいという主観的な気持ちが強いので，それが食事の好みにまで影響しているようなところがあって［……］」とか，「フランス人の持つ生活の楽しさについて，ちょっといわしていただけるかしら［……］」とかいうふうに，明らかに男性陣の語り合う内容とは毛色が違っている。男性が大上段に抽象的な「文明」の問題や国際情勢について語りたがるのに対して，女性は「生活」について語る，という図式がここでも見られる。この座談会と同じようなジェンダーバランスの偏りは，他にも多く見つけられる。むしろ，当時はそれが当たり前の光景であった。

　昭和の映画スター，高峰秀子がパリに渡り留学生として 6 か月間を過ごしたのは，1951 年のことである。のちに彼女はその体験記を 2 年後の 1953 年に，『巴里ひとりある記』という題で出版している。さらに，ずっと後の 1979 年には先の体験記を補足するような内容の『つづりかた巴里』という本も書いている。パリ渡航前の経緯については後者の中で述べられている。行き先がパリに決まったのは偶然で，もともとはヴェネチア映画祭に出席するという話が転じてそうなったのだと，彼女は説明している。渡航前に彼女がパリについて抱いていた印象はほとんど映画からきたものだったそうだ。具体的な作品名として，ルネ・クレー

ル監督の『巴里祭』や『自由を我等に』，マルセル・カルネの『天井桟敷の人々』など，よく知られた戦前の名作が挙げられている。秀子は戦前から活躍する女優であったが，この渡仏が初めての海外体験だったという。滞仏中のことについては『巴里ひとりある記』を見ていこう。林　芙美子のそれからちょうど20年，渡仏の手段は飛行機になった。秀子のパリ滞在の様子は芙美子とはだいぶ違っている。出発の羽田空港では，女優仲間の木暮美千代や当時の大スター上原　謙の妻などと多くのメディア関係者とに見送られている。パリに着いたあとは，マダム・テヴナンなる女性があれこれと面倒を見てくれていたようだ。パリの物価の高さに驚いてはいるが，芙美子のようなひっ迫したみじめな生活とは無縁である。現地で出会った日本人の芸術家や作家との交流，クリスチャン・ディオールのコレクション・ショーへの招待，映画撮影所の見学，等々，スター女優らしい華やかな体験が綴られている。秀子の文章は軽妙で洒脱である。彼女のパリ滞在記には暗さがまったくない。『巴里ひとりある記』には，「高嶺の花」の映画スターらしい体験とともに，近所のお気に入りの安いロシア料理屋のこと，散歩した公園の様子，街で見かける犬や猫について，など，「庶民的」なエピソードも多く盛り込まれている。気張らないレストランやカフェでゆっくりと休みの時を過ごす，というのは，当時の日本でも都市部の中流階級の人々が普通に行っていたことであろう。しかし，次節で詳しく述べるが，その「普通のことをパリでする」ということが，多くの日本の女性にとって特別な憧れを生むらしい。今日の女性向け雑誌のパリ特集では，「普通のことをパリでする」ための案内に力が注がれている。秀子のフランス滞在記は，そのようなパリ案内の，先駆的なものと言えるのではないだろうか。

『巴里ひとりある記』には写真もふんだんに入れられている。林　芙美子もまた和服でパリを歩いて，人々から奇異に見られた体験を書いているが，秀子はさすが女優というべきか，どの写真でも洋服を完璧に着こなして写っている。下宿の瀟洒なテラスで高級なドレスに身を包んでポーズを取っているものもあれば，カジュアルな服装で，リュクサンブール公園で出会った風船屋の男性と戯れているものもある。文章においてと同様に写真でも，彼女はスター女優としての「高嶺の花」の部分と，「デコちゃん」の愛称で親しまれた，気取らない「可愛いお嬢さん」の部分とを，巧みに織り交ぜて見せている（図3-3，図3-4）。

図3-3 『巴里ひとりある記』から
「私の下宿のテラスで」と題された四枚の写真のうちの一つ。同じ場所で別の黒いドレスを着たものも撮られている。

図3-4 同じく『巴里ひとりある記』から
「ルクサンブール公園の前にいつもゐるをぢさんと」という説明が添えられている。

　秀子が文章で描き、写真で見せるパリの街は、実に明るく美しい。しかし、当時のパリの実際はどうであったのだろうか。イヴァン・コンボーの『パリの歴史』によれば、1950年代初めのパリではまだ非近代的な老朽住宅が数多くあったうえに、戦後の人口増加に住宅の供給が追いついていない状態であった。1954年の時点で、パリの81％の住宅が浴槽を、55％がトイレを持たない住宅であったという。また、ベルナール・シャルナンは『パリの肖像19—20世紀』で、非衛生的な住宅環境による結核の蔓延を指摘している。秀子がこのような状況をまったく知らずにいたかどうかは分からないが、少なくとも彼女の滞在記には、パリの暗い部分というのは見られない。彼女に与えられたパリの下宿は、日仏会館にある「十二畳位の窓のある室で，沢山の日本の掛け軸，古めかしい戸棚，ベッド，机，天井までのカガミ，みんなすてきな趣味ばかり」というようなもので、ちゃんと浴室もあったようである。日本の有名女優である彼女は、「お客様」としてもてなされ、パリの明るい部分だけを見せ、語ったのである。ジョン・アー

リの有名な「観光のまなざし」の議論があるが，秀子もまた常に人からまなざしを向けられる存在であった。彼女はそのまなざしにこめられた期待に，パリでも見事に応えている。彼女の滞在記には，観光都市パリと日本の女優とが，ある種の共犯関係を結んだ，演出があるのだ。

4　結論に代えて：映画『アメリ』と女性向け雑誌の「パリ特集」

　2001年に公開された映画『アメリ』は，日本では当初，いわゆる「ミニシアター系」と呼ばれる少ない映画館数での公開であったが，瞬く間に大ヒットを記録した。主人公のアメリは少し変わったところはあるものの，モンマルトルにある普通のカフェで働きながら，質素に暮らす普通の女の子である。彼女は，八百屋の豆袋にそっと手を入れたり，クレーム・ブリュレの表面の焦げをスプーンで割ったり，といった，実に他愛のないことをささやかな幸せとしている。しかし，映画の大ヒットの後，撮影に使われた何の変哲もないカフェには，日本からの観光客，とくに女性が急激に増え，クレーム・ブリュレを食べて写真を撮っていくという現象が起きた。このカフェは一時新たな観光名所となり，『アメリ』の撮影場所であることを大いに宣伝しながら営業するようになった。前節でも述べたが，近年の女性向け雑誌でパリが特集される際には，歴史や文学などに関する旧所名跡を解説するというよりも，ごく一般的なカフェであるとか，パン屋，雑貨店などの紹介に力を入れ，パリの人々の日常を体験することを促すものが多いように見られる。いくつか具体例を挙げると，『マダム・フィガロ・ジャポン』の2010年4／5・20合併号の特集のタイトルは「暮らすようにパリ歩き」，『旅』の2009年1月号は「冬のパリはカフェがいいね」，同7月号は「パリのパン屋さんへ行こう」，といった具合である。いわゆるバブル景気のころには，シャネルやルイ・ヴィトンといった高級ブランド店に列をなして訪れる日本人観光客が話題となっていたが，近年の気取らないパリの日常への傾倒は，長引く景気の低迷が原因の一つかもしれない。だが，我々が見てきたとおり，日常的な「生活」への注目とその中のささやかな喜びや楽しみの発見というのは，与謝野晶子から高峰秀子にいたるまでの，日本人女性のパリ滞在記に，共通して見られることでも

図 3-5 『巴里ひとりある記』から
「カルチエ・ラタンのキャフェで」。カルチエ・ラタンはパリ大学ソルボンヌ校舎などがある，学生街。彼女は他にも何枚もカフェで写真を撮っている。

図 3-6 雑誌『MORE』2005 年特別編集号の表紙
「暮らすようにパリを歩く」「お気に入りのショップめぐり」といった記事が並んでいる。

あった。「普通のこと」も，パリで行うと何か特別な高揚を生むのだ。それがパリの魔法である。『マダム・フィガロ・ジャパン』の 2015 年 4 月号のタイトルは「美しくて，おいしくて，楽しくて，可愛くて，パリがすべて」とうたっている。また，短期滞在のものから長期のものまで，女性タレントのパリ滞在記は，今も一定の人気があるようである。『MORE』の 2005 年特別編集号は「松嶋菜々子と行くパリの旅本」と題され，松嶋菜々子がシックなドレスに身を包んでやや高級な店に行く写真もあれば，カジュアルな服装での街歩きの写真もある（図 3-5，図 3-6）。「高嶺の花」の夢と，一般市民でも手が届くかもしれない願望とが，バランスよく盛り込まれており，高峰秀子の『巴里ひとりある記』を思い出させる構成となっている。もちろん，女性たちも歴史や文学の名所旧跡をめぐることはあるだろう。しかし，日本女性がパリに向ける「まなざし」は，男性のそれとは違う傾向を持つものだということは言えるだろう。

言うまでもなく，パリに憧れるのは日本人だけではない。近年の相次ぐテロ事件の発生によって観光客の減少が伝えられていたが，それでもフランスは，年間8000万人を超える世界一の観光客数を誇る国であり続けている。ジョン・アーリは，『場所を消費する』のなかで，訪れる者の「まなざし」の期待に応えるべく，頑なに自らのイメージを保持し続けようという，ヨーロッパ諸都市のあり方について指摘をしている。パリも当然そのような都市の一つである。日本人女性のパリ観光について考える場合には，パリの観光経済の戦略や，諸制度といった側面からも分析を補完する必要があるだろう。それは今後の課題としたい。

◎考えてみよう
1. 日本人女性のパリ滞在記は，どのようなパリの姿を伝えてきたか。また，それは男性のそれと比べて，どのような傾向の違いがあるか。
2. 過去の日本人女性のパリ滞在記と，今日の女性たちのパリに対する好みにはどのような共通点が見られるだろうか。

[注]
1) もっとも，この二つのパリ滞在記は，どちらも著者の遺稿の中にあったもので，出版されるのは書かれたよりもずっと後のことである。現在では，岩波文庫に，井田達也校注．『幕末維新パリ見聞記：成島柳北「航西日乗」・栗本鋤雲「暁窓追録」』としてまとめられており，手に取りやすい。
2)『巴里より』の底本は旧字体・旧仮名づかいの文章で書かれているが，引用では新字体・新仮名づかいに直してある。また，必要と思われる漢字にはかっこで読み仮名を付した。以降に出てくる林　芙美子や高峰秀子の著作からの引用についても同様。
3) 川本三郎 (2003)『林芙美子の昭和』，新書館．を参照した。
4) 今川英子 (2001)『林芙美子　巴里の恋』，河出書房，川本三郎 (2003)『林芙美子の昭和』，新書館．を参照した。

[引用・参考文献]
・朝吹登水子他（1951）「巴里に在りて明日の日本を想う」，『文藝春秋』1月号．

- 今川英子（2001）『林芙美子　巴里の恋』，河出書房.
- 川本三郎（2003）『林芙美子の昭和』，新書館.
- 高峰秀子（1979）『つづりかた巴里』，潮出版.
- 高峰秀子（1955）『巴里ひとりある記』，映画世界社.
- 林　芙美子（1933）『三等旅行記』，改造出版.
- 林　芙美子（1977）「巴里日記」，『林芙美子全集』第4巻，文教堂書店.
- 与謝野　寛，与謝野晶子（1914）『巴里より』，金尾文淵堂.
- ジョン・アーリ著，吉原直樹他訳（2003）『場所を消費する』，法政大学出版局.
- イヴァン・コンボー著，小林　茂訳（2002）『パリの歴史』，白水社.
- B. マルシャン著，羽貝正美訳（2010）『パリの肖像　19—20世紀』，日本経済評論社.

第 4 章

文学作品にみる〈旅〉
―男の旅と女の旅

高田晴美

　一口に〈旅〉と言っても，形式，様態は様ざまである。一人旅，連れのいる旅，自分探しの旅，目的のない旅，逃避行……。古来，〈旅〉は文学作品に好んで描かれてきた。紀行文はもとより，旅を描いた小説も多い。「人生とは旅である」と言われ，また，「小説は人生を描くもの」であるなら，「小説は旅を描くもの」と極論することもできるかもしれない。そして小説の中には，旅とは何か，その本質が掘り下げられて語られていることだろう。そこには，女性と旅との関係を，ひいては女性とその人生との関係を読みとく鍵が見つかるかもしれない。本章では，広い意味での〈旅〉が何らかの形で描かれている小説をいくつか取り上げ，分析することで，旅とは何か，そして，男にとって，女にとって旅とはどのようなものかを探求していきたい。さあ，文学作品の中へ入ることで，深みに触れる旅を始めよう。

1　〈旅〉をその本質から分類してみる

● 見取り図の試み

　女性の〈旅〉の本質を考察しようにも，〈旅〉という大雑把なくくりでは，本質の分析も粗いものとなってしまう。まずは〈旅〉を〈旅〉的なる要素を持つ言葉で置き換えてみよう。〈観光〉〈紀行〉〈(珍)道中〉〈放浪〉〈巡礼〉〈トレイル〉……。さらに，これらの関係性がどのようなものであるかも考慮して，多様な旅の分類を以下の見取り図で示してみたい（図 4-1）。四角で囲まれているのが旅のタイプ。異なるタイプとの間に引かれた線の上にある説明は，線でつながれたタイプ間に共通する要素である。

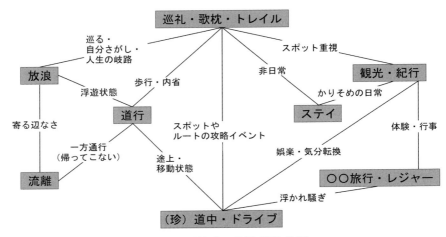

図 4-1　多様な旅の分類（見取り図）

　図は不完全であり，熟考の余地は残されているが，このように見取り図にしてみると，旅にも様ざまなタイプがあり，とはいえそれぞれが共通点も持っており，多様で複雑であることが窺われる。

● **本章のねらい**

　一言で〈旅〉〈旅行〉〈観光〉とくくってしまっては見落としてしまう旅の本質を分析するためには，このような分類と相関関係の考察は足がかりになるに違いない。これらの一つ一つのタイプについて，それが表現されている作品群を取り上げて丁寧に分析したいのはやまやまであるが，紙幅にも限りがあるので，それは今後と読者に任せるとして，本章では〈放浪〉と〈道行〉に絞って，そこに見られる女の旅の本質に迫りたい。

2　〈放浪〉

● **そのよりどころのなさ，あてどなさ―『放浪記』**

　まずは，女性と旅と文学と聞いたら多くの人が真っ先に思い浮かべるであろう

第4章　文学作品にみる〈旅〉――男の旅と女の旅

林　芙美子『放浪記』を取り上げる。『放浪記』は現在ではむしろ芝居として有名であり，長年，森　光子のライフワークでもあったことは日本人の多くが知るところである。国民的作品と言ってもいいくらいだ。2015年には仲間由紀恵主演で復活したことが話題になった。

　林　芙美子は行商人の両親の下に生まれ，両親が別れたあとも母がやはり行商人の男と一緒になったため，母と養父とともに家を持たず，行商の旅をしながら育ったという特殊な生い立ちを持つ。しかし『放浪記』はその放浪生活ではなく，女学校卒業後，男を追って上京したものの男に捨てられ，東京で住み込みも含め職と住居を転々としながら詩人を目指す貧しい生活をつづった日記を編集した作品である。タイトルから想像されるほどには実際には旅生活をしているわけではなく，東京での日々の生活を描写しているわけだが，職も住まいも長くて数か月スパンで転々とし，よりどころのない状態が続くことから，魂は放浪しているも同然だったのであろう。本質的に存在と人生そのものが放浪者である芙美子の『放浪記』から一部引用してみよう。

　　私は宿命的に放浪者である。私は古里を持たない。

　　泊るところも，たよる男も，御飯を食べるところもないとしたら，……私は小さな風呂敷包みをこしらえながら，どこにも行き場のない気持であった。

　行商人の両親と暮らした頃と違い，実際に旅をしているわけではない。芙美子がもう少し仕事内容や環境に辛抱すれば，「泊るところ」と「食べるところ」をどうにか得ることもでき，それなりに安定した定住生活ができる状況でもある。しかしその境遇に我慢がならず，転々としてしまう。ここが「宿命的に放浪者」である所以（ゆえん）でもあろうが，それでも東京を地盤としてどうにか生活する芙美子が，実感としては，現実の生活すら「旅の空」の根無し草なのはなぜだろう。どこか一か所に根が張れない根本の原因が，よりどころ，寄る辺となる（べき／はずの）男がいないことであろうことは，「泊るところ」「たよる男」「御飯を食べるところ」の三つが「行き場」という生活基盤を作り上げるものとして並列して挙げられている引用箇所からも見て取れる。女にとって，少なくとも芙美

子にとって，自分という存在を預けられる男がいないということは，根が張れるところがないということ，いつまでも流されて，ここが自分の拠点と言える場所が持てないということを意味した。『放浪記』では別の個所でも，

> ああ私は何もかもなくなってしまった酔いどれ女でございます。（中略）家もなければ古里も，そしてたった一人のお母さんをいつも泣かせている私である。（中略）樹がざわざわ鳴っているような不安で落ちつけない私の心，ヘェ！ 淋しいから床を蹴って，心臓が唄います事に，凭りどころなきうすなさけ，ても味気ないお芙美さん……。

「凭りどころなきうすなさけ」と自分を規定する芙美子。帰れる故郷や両親の家という揺るがないものが元から無かったりなくしたりした女性ならば，現代でもこの感覚は共感できるのではなかろうか。なにも，芙美子のように物理的に故郷や実家と言えるものを持たないわけではなくとも，女が抱える本質的なよりどころのなさは，通底するものがある。例えば，結婚すれば姓を変えることで今までの自分との断絶を多少なりとも味わわされ，〈嫁〉という立場で生まれ育った家ではない他家に嫁ぎ，その家の人間として生きて死ぬことが当然の生き方だと，現在でも法律ではなく道徳観として共有されている状況。これらがみな，女が男を持つことに起因すると考えれば，よりどころ自体が男に左右される頼りないものとも言えるだろう。

では，芙美子固有の事情による部分も大きい自伝的作品ではなく，虚構である小説として，林　芙美子は男の〈放浪〉，女の〈放浪〉をどのように描いたか。

● 男にとって，女にとって，〈放浪〉とは何か？―『浮雲』

　林　芙美子晩年の名作『浮雲』のあらすじを紹介しよう。第二次世界大戦下，親戚の男との不倫関係を清算するためにタイプライターとして仏印（ベトナム）の農林省の研究所に赴任したゆき子は，そこで日本に妻がいる研究員の富岡と出会う。冷酷さと情熱をあわせ持った魅力的な富岡にゆき子は心惹かれ，二人は男女の仲となる。日本は次第に戦況が悪化しているのをよそに，二人は南国の非日常的空間でしばしの夢を見たのだった。終戦後，妻と別れてゆき子と一緒になる

という富岡の約束を頼って富岡の後からゆき子も帰国。しかし，戦後のすさんだ日本・東京という現実の前に，つかず離れずの腐れ縁となった二人は疲れ果てていく。富岡は心機一転，屋久島の森林技官としての職を得ることになり，ゆき子と二人，屋久島へとたどり着く。しかしその道中，ゆき子は病を得，屋久島で富岡が仕事に行っている間に，孤独に死んでいくのであった。

　この作品の舞台は大きく分けると仏印，東京，屋久島の三つ。ゆき子にとっては三つとも，『放浪記』的な感覚で言えば〈放浪〉と言える一種の旅であったろう。しかし富岡にとってはおそらく，東京を除いた仏印，屋久島の二つこそが〈放浪〉状態である。その違いを見ていこう。

　まず，仏印時代は，二人にとってどのようなものであったか。あらすじでも見たように，仏印行きはゆき子にとって，不倫から抜け出して新しい人生を切り開くための覚悟の上でのことであった。そこには切実さが見て取れる。出会ったばかりの富岡の馬鹿にしたような態度にゆき子は反発して，

　　「私ね，内地では，どうにも仕様がなくって，ここへ志願して来たンですの……。（中略）私，気まぐれで，こんな遠いところへ，来たンじゃないのよ……。何処かへ，流れて行きたかったの。（中略）生き苦しい気持ちで辿りついたものを，高いところから，せせら笑うなんて失礼よ……」

自分で切り開いた仏印行きという道ではあるが，選び取ったというよりは「流れて行」った，「辿りついた」という感覚であったことは注目すべきであろう。水の流れに逆らわず，ただ身を任せて辿りついた先にとりあえず落ち着くしかない。しかし，研究所の男性研究員に好意を寄せられたり，富岡と男女の仲になったりして女としての自分の価値に自負が芽生えると，いい女風の自分になりきることで，生き生きと仏印での生活を満喫するようになる。

　一方の富岡にとって仏印とは，後に次のように夢想的に回想されるものであった。

　　富岡は，もう一度，しみじみと仏印の山林に出掛けてみたい気がしていた。山林以外には，どうした事業も身には添わない気がして，親も妻も家も，みんなわずら

わしい気がした。あの大森林のなかで，一生涯を苦力(クーリー)で暮している方が，いまの生活よりはるかに幸福に思えた。

「旅空での青春の濫費(らんぴ)」と本人が思うほど満喫していたのは富岡も同様だが，外地だから，しがらみがないからこその開放感から，非日常でその場限りの夢空間を遊ぶだけ。解放という夢の象徴として仏印を思い浮かべることはあっても，それは一人，研究員としての日々を意味するのであって，ゆき子とのアバンチュールは遊びの一つでしかなかった。だから敗戦となれば，二人の関係はあの場，あの時限定の「旅空」だからこそのものとして持ち帰るものではないと，今更蘇らせる気にもならない富岡。一方の，流れ着いた先で新しい自分と新しい生活を発見し，そんな自分をさらに発展させようと，それを共有した富岡とは場所を東京に変えても引き続き関係を結んで再び夢を花開かせようと甘く考えるゆき子とは，仏印時代に対する思いが決定的に食い違っているのである。場所が大事な男と，誰と過ごしたかが大事な女，とでも言えようか。

敗戦後，東京に戻ってきた二人。しかし，富岡は妻とは別れず，むしろゆき子との縁を切りたがった。場所が変われば女との関係もリセットされるのが富岡という男だった。富岡があてにならないと知ったゆき子は，娼婦のようなことをして生計を立てる。そんなゆき子という女が，富岡には次のように見えた。

　　女自身の個性の強さが，ぐっと大きく根を張っているように見えた。何ものにも
　影響されない，独特な女の生き方に，富岡は羨望と嫉妬に似た感情で，ゆき子の変
　貌した姿をみつめた。

「女というものに，天然にそなわり附与されている生活力」をゆき子の中にまざまざと感じた富岡。富岡の目には「ぐっと大きく根を張っているように」見えたゆき子だが，しかしその根は大地に揺るぎなく下ろすものではないことは，ゆき子の実感から分かることだ。「根」と言っても，流され，辿りついた先で下す浮草のかりそめの根だ。富岡にはずぶとく見えたゆき子の「生活力」であるが，それはゆき子自身にとっては「やりばのない，明日をも判らぬ，一時しのぎの傾向が，自分の本当の生活なのだ」。『放浪記』にも通ずる境地であろう。仏印から

東京に戻っても，ゆき子の〈放浪〉は形を変えて続いている。どこに辿りついても，そこに見合う自分になりきって生活をすることに変わりはない。しかし富岡にとって東京での日常は，もう旅もおしまい，またつまらない生活をせねばならない，鬱屈するものであった。

となれば，富岡が自分の生を取り戻すためには再び旅にでなければならない。そして屋久島へ。分量としては，『浮雲』作品全体に占める屋久島行き〜屋久島の描写で割かれる紙幅の割合は小さい。しかし，作品終盤での屋久島行きは，読後にあとを引くほどの強烈な印象を残す。この屋久島行きは，言うなれば東京での生活に行き詰まった男女の逃避行のようなものだから，古来，浄瑠璃などでクライマックスの場面として用意された〈道行（みちゆき）〉と言えなくもない。しかし，そこには『曽根崎心中』のような，死ぬことでしか一緒になれない男女の死への旅という究極の旅路がもたらす陶酔は一切ない。むしろ，〈道行〉にも関わらず心が寄り添うこともなく擦れ違いが際立つだけの，殺伐とした終局が用意されているだけである。屋久島の営林署での仕事が見つかり，一人で行こうとする富岡をゆき子はこうなじる。

　　「一人でね。でも，いいわね。男のひとは，何とか，落ちつくさきがみつかるもンだけど，女ってものは，三界に家なしだから」

富岡が屋久島赴任を決めたのが，次のような動機からだということを見抜いているからだ。

　　　別の人間として，再出発するには，もう一度，何処かへ場所を変ってみなければならないのだ。

富岡の本心は，ゆき子に付随する東京生活でのしがらみやゆき子自身から解放されるため，一切合切を捨てるために屋久島へ行きたいのだ。場所を変るということ，見知らぬ土地へ流されて行くという〈放浪〉は，男にとっては自由と解放と新生を意味した。一回目の〈放浪〉であった仏印赴任だって，東京に残した妻と縁を切りたかったわけではないだろうが，少なからずそのような願望が

あったに相違ない。だからこその「旅空での青春の濫費」。男にとって〈放浪〉はリフレッシュでもありリセットでもあり，自分の刷新のための〈冒険〉でもあるのだ。船で近づく屋久島を目にして富岡は，体調不良で心身ともに憔悴しているゆき子をよそに，「少しも，孤島へ流れて来た感じはなく，かえって，身も心も洗われたような，樹木の招きを感じるのだ」と高揚しさえする。

しかし，ゆき子にとっては，仏印行きは心機一転が図られていたが，屋久島行きはむしろ古典的な〈道行〉の心境である。屋久島の宿にてゆき子は思う。

　　二人とも，一種の刑罰を受けて，ここに投げ捨てられたような気がして，ゆき子は，ここで自分は死んでしまうのではないかといった予感がした。

どんなにみじめな境遇に落ちても，それが真に「二人とも」であれば，それも幸福と受け取れなくもないゆき子にとって，〈道行〉が心理的に富岡と共有されていないことこそが悲劇と言えるだろう。陶酔さえさせてもらえない悲劇である。そして，〈道行〉になりきれないこの屋久島行きはゆき子にとっても，富岡とはまったく異なる意味を持つ〈放浪〉となるのである。女の放浪には自由も解放もなく，行きつくところは，よりどころのなさからくる存在の頼りなさと孤独感なのである。

ここで『浮雲』というタイトルに注目してみたい。実は論者は『浮雲』を初めて読んだ際には，主人公は完全にゆき子であり，〈浮雲〉とはゆき子という女の存在の有り様を象徴したものであると思い込んだ。しかし，再読した際，実は「浮雲」という表現は，むしろ富岡に関する記述の中にばかり出てくるということに気づき，愕然とした。〈浮雲〉という言葉は富岡の述懐と思わしき描写で初めて使われる。

　　人間と云うものの哀しさが，浮雲のようにたよりなく感じられた。

普遍的に「人間」と称しているが，所詮は己のことしか考えない富岡のこと，自分を「浮雲」にたとえているのだ。「浮雲」とは富岡のような男にこそふさわしいたとえ。屋久島行きの話が出る前からそういう男だった。ゆき子との惰性的

な関係と日々に疲れ，ゆき子と心中するために伊香保に行った，つまり〈道行〉という旅に出たはずの富岡は，そこで若く肉付きの良い女おせいと出会い，

> 富岡は，自分の心のなかに，仏印にいた時のような，旅空での青春の濫費がきざし始めてきていたのだ。(中略)おせいの誘惑によって，何とか生きかえりたいと思い，一種の焦げつくような興奮をさえ感じている。(中略)二人(ゆき子とおせいの夫のこと。引用者注)さえいなければ，富岡はおせいと自由に第二の人生を歩み出せるような気がした。何もかも肉親のきずなを捨てきれる自信はあった。

などと，気軽身軽に現在の行き詰まりをリセットしようとする。すべてをリセットして，次のステップへと飛び越えたい男。地続きではない人生。ひょいと飛び越えて場所を変える，女も変える。地続きではない場所へ移ることが重要な富岡にとって，〈放浪〉という行為はその手段と言ってもよいだろう。そして，旅先のそこそこで，リセットするためのきっかけ(女など)をみつくろっていく。これは所詮，通りすがりで，そこには根を下ろさない風来坊の浮雲だからできるわざだ。風の吹くままなのだから真にどこにでも行けるわけではないが，行ける場所としての可能性は四方八方無限に広がっており，ルートが限定されているわけでもない。なんだったら，いつでも霧散もできる，という気楽さが，〈放浪〉する〈浮雲〉の魅力なのである。そこにはかすかに悲しみや寂しさはあるだろうが，浮雲の自由さにはそれを補って余りあるものがある。

　それに比べて，女は〈浮草〉である。富岡はゆき子に向かって自分たちは二人とも「根のない浮草」だと自嘲するが，それは，ゆき子という〈浮草〉の女に縛られている限りにおいて富岡自身も〈浮草〉にならざるを得ないからであって，ゆき子から解放されようとする富岡は〈浮草〉ではない。本質的に〈浮草〉なのはゆき子だけだ。「根のない浮草」が仮に根を下ろすとしても，それは頼りなくいつ切れるともしれぬものであるし，かと言って流されるにしても，川の流れる範囲という外部からの制約がかかった中でしか流れることもできず，筋に沿ってルートは定まっている。流され，転々としても，そこに行きつくまでの道筋は後ろに引きずられて残っている。自由度や可能性は〈浮雲〉に比べて極めて小さく，閉塞感はあるくせに，だからと言って地に足をつけるような安定も得られない。

まさにゆき子の感慨にあるように，流されて辿りついたところに一時的に根を張るしかないのだ。女はどこででもその場所での生活者になりきって生活はできるが，男という存在にしがみついて，そこに生きる道を見ようとする限り，〈浮草〉の不自由さは免れないのである。

寄る辺ないことがむしろ自由・解放ともなりうる男と，寄る辺ないことが自分の居場所を見いだせないどんづまりの息苦しさとなって追い詰められていく女。男の〈放浪〉と女の〈放浪〉にはかくも大きな断絶があるのである。

3 〈道行〉：誰かと旅すること，誰かと一緒に歩くこと

先に見たように，『浮雲』の〈道行〉（屋久島行き）は，恋愛関係にあるはずの男女のものであるにも関わらず，殺伐とした悲惨なものであったが，本来の典型的な男女の〈道行〉は，現世では諸事情で一緒になれない二人があの世で一緒になるための，二人の心が寄り添った陶酔的なイベントである。旅の要素として重要なものに，誰かと一緒に旅することが挙げられる。つまり，広い意味での〈道行〉である。男女だけではない。男どうしの旅，女どうしの旅もある。近年，旅の形態のカテゴリーとして定着しつつある〈女子旅〉が女どうしの〈道行〉とすると，それはどのような本質を持つものであろうか。女性が旅をするときに最も〈女子旅〉要素が現れるのは，女性どうしの旅かもしれない。まずは比較のために，簡単ではあるが男どうしの〈道行〉を見てみよう。

● 男たちの旅―グレアム・スウィフト『最後の注文』

「死んだら遺灰をマーゲイトの海にまいてくれ」という亡き友ジャックの「最後の注文」を叶えるため，四人の男（正確にはジャックの友人三人と義理の息子）がマーゲイトまでの弔いのドライブをする，その道中を描いたロードノベルである。要するに，男だけのドライブだ。

　　なんだかきょうのことが，ジャックのイキな計らいのような気がしてる。わたしたちに，自分たちは特別なんだと感じさせるための，わたしたちを喜ばせるため

のイキな計らい。なんだかこれから遠足にでも行くような，浮かれ騒ぎにでも行くような，そんな気がしてる。そして世の中がいいものに見える。世の中が，わたしたちのためだけにあるような，そんな気がしてる。

　基本的には男たちの旅は，終わりが来るときまでのその場限り，一時的な，「浮かれ騒ぎ」の共有という点で，ロードノベルとして有名なジャック・ケルアック『オン・ザ・ロード』もそうだと言えようし，世の多くの男だけのロードムービーも同様であろう。弔いの旅と言えど，〈（珍）道中〉的要素も濃厚なのは，心おきなく自分たちだけのプライベート空間を移動させているという車ならではの特色と関係しているかもしれない。

　しかし，実は四人の男たちはそれぞれ，お互いに含むもの，屈折した思いや過去のいざこざ，秘密，わだかまりなどを抱えている。短い章ごとに語り手を四人の誰かが担い，各自がそれに向き合い語っていくことで，次第にそれぞれの過去が明かされていく，という構成だ。指摘しておきたいのは，秘密や過去が明かされるのは各自の語りにおいてであり，つまりそれは，読者に対してのみ明かされるということである。車という密室空間と道中という時間を四人は共有しながらも，彼らはそれを伝え合い理解し合おうとは決してしないまま旅は終わるのである。〈道行〉でありながら彼らが向き合うのは己に対してであり，互いの事情を知ることもないまま，しかし言葉にはならない何ものかは醸成し，友情とも言えるそこはかとない結びつきは強まっていく。おしゃべりで絆を深めるなんてことは求めない。知ってくれるのは読者だけで良い。そんなものなくとも，一緒に弔いのドライブをしているこの時間と空間と道を共有していることが大事なんだと言わんばかりの，言ってしまえば男のロマンである。

● **女たちの旅**—高橋たか子『誘惑者』

　しかし，女どうしの旅に必要なのは，そんなロマンではない。つぎに，女どうしの〈道行〉を見ていこう。ただし，ここに出てくる女たちは，いわゆる〈女子〉っぽい女ではない。哲学かぶれで観念的な，ミーハーな要素皆無の女子学生である。『誘惑者』のあらすじはこうだ。鳥居哲代，砂川宮子，織田　薫の仲良し三人組。まず，自殺願望を抱く宮子が，いよいよ伊豆大島三原山の火山に身を投げる自殺

を決行することにし，密かに哲代に自殺幇助を頼む。哲代は自殺者の心理を知りたい思いから，それを引き受ける。宮子と哲代の京都〜三原山火口までの〈道行〉。哲代は一人京都へ戻るが，宮子の自殺に感づいた薫から，今度は薫の自殺に付き合うよう頼まれる。二度目の三原山までの〈道行〉。しかし，一人下山したところで，哲代は警察に捕まるのであった。この作品のポイントは，自殺願望を持つ友人が二人とも，哲代だけに自殺幇助を頼むこと，また，たんに自殺を手助けしてもらうばかりでなく，死への旅路の付き人になることを，つまり〈道行〉を一緒にしてくれることを哲代に望んでいることである。死を成就するためにはそこに至る〈道行〉という旅が必要であり，しかもそれは二人でしか叶わないということだ。宮子は自殺願望をしつこく哲代に語る中で，次のように言う。

> 「全部言おうと思えば，あなたと何日も寝起きをともにしなければならないわ。いいえ，何日どころか何週間も。そうまでしても，いつかあなたには全部聞いてもらうつもりでいたんだけど」

『最後の注文』の男たちと違って，宮子は自分の自殺願望を哲代に理解してもらいたいと訴える。しかし，日々の生活を送っている京都ではそれはできない。物理的に不可能なのではない。宮子は一人暮らしだし，哲代の家族も哲代を好きにさせているので，哲代が宮子の下宿に泊まり込んで語り明かすこともできなくはない。実際，このように自殺願望は繰り返し宮子から聞かされているのである。だから，気兼ねなく語り合える場所がないわけでも，時間に制約があるわけでもない。しかし，その底の底にある思いは，日常的な空間では伝えられないということなのだろう。それを真に理解してもらうために，〈道行〉を必要としているのだ。二人だけが共有する非日常の時空。死というゴールに到着するまでは終わりが来ない旅。そして，宮子に見込まれるだけあって，哲代は〈道行〉の伴として，自殺幇助者として，的確な人物であった。

> なぜか鳥居哲代はいま自分が居心地のいい場所にいるのを意識した。自分の家にいても，大学の教室にいても，街を歩いていても，何処にいても，居心地のよくない自分が，いま，こうして砂川宮子との間に死という目的だけを持ち，他の一切か

ら解放されて，汽車に揺られているのが，居心地がいいのである。

　大島への船で船酔いしながらも，「吐くから，いっしょくたに何もかも吐いてしまうの」と言葉にならない自分の苦しさを哲代に訴えかける宮子。思いが言葉にできるかどうか，真に理解してもらえるかどうかはともかく，理解してもらいたいと訴えかけ，理解してもらいたがっていると分かってもらい，また，相手も理解しようと努めていることを相手から受け取りたいという一種のコミュニケーションは，女どうしならではと言えるかもしれない。ならば，女たちの旅の目的は，ここにこそあると言っても過言ではなかろう。

　　わからないからこそ，こうして最後まで附合おうとしている。最後までの或る時にわかるのではないかと思っている。

　ただし，この理解してもらいたいという思いが一方通行であることが，哲代を女子的コミュニケーションから排除しているとも言える。宮子から哲代，薫から哲代への理解を求めるベクトルは，反転することはない。だから，〈道行〉と言えども，真に共有するとは言えない。宮子や薫はゴールへ辿りついたら終わりだが，哲代はそこがゴールとはならず，一人で戻ってこねばならない。

　　織田　薫は鳥居哲代が砂川宮子に同伴している時のことは何度も訊ねたが，鳥居哲代のただ一人の歩行については訊ねなかった。（中略）あの時も，今日これからも，一人になった自分が，この溶岩ばかりの斜面を降りていく時の感覚を，誰も知ることはないのだ。何が孤独といって，これ以上の孤独はないだろう。

　女子的コミュニケーションから排除されれば，もはや〈女子旅〉にはならないのだ。

● **終わらない〈女子会〉を求めて—恩田　陸『まひるの月を追いかけて』**
　失踪した男を探して，その男の異母妹である主人公とその男の元恋人が，男が巡ったルートで奈良を旅する話（ミステリ仕立てなので，詳しく説明することは

やめておこう)。これまでに二度しか会ったことがない，ほぼ見知らぬ女どうしの旅であるから，初日の道中はかなりぎこちない。しかし，『最後の注文』の男たちが数十年に及ぶ友人どうしにも関わらず秘密を打ち明けたりしないのと対照的に，この女二人は，お互いのことをほぼ知らないにも関わらず，それぞれの核心に迫ることまで語り合う。男を探すことよりむしろ，それが目的かのように。例えば，夜中に二人で宿を抜け出し酒の買い出しに行く闇の中の道中。

> なんだかやめられなくなって，話を続ける。こんなことは珍しかった。母親にも，うまく別れた（夫と。引用者注）理由を説明できなかったというのに。（中略）暫く無言で歩く。漆黒の闇が，柔らかく身体を包む。こんな瞬間なら，何でも言えそうな気がした。

男の元恋人は旅の途中で病死してしまうのだが，彼女が主人公に残した手紙には次のような記述があった。

> だけど，いつか，もしもまた機会があれば，一緒に奈良を歩きましょう。その時は二人でどんな話をしているかしら。楽しみだわ。

「一緒に旅をしよう」という誘い文句が「一緒に歩こう」に置き換えられ（「〇〇を観よう」ではないことがポイント），旅の間に二人がすることが「話をする」ことになっている。これは，女性ならば思い当たるふしがあるのではないだろうか。女性は女友達と会う約束をする際，「いっぱいしゃべろうね」といった言い方をしばしばする。食事を共にする，一緒にどこかに出掛けるという何らかの遊びの約束をする場合，男性は「おしゃべり」を主目的のように称することはあまりないだろう。しかし女性は，おしゃべりをするために会うかのように言う。それが〈女子会〉の最大の目的だからである。しかし，食事やお茶をするイベントでは時間制限もあり，大抵は「しゃべり足りない」感を残す。となると，『誘惑者』の宮子のセリフではないが，時間も人目も気にせず思いっきりおしゃべりを堪能するとなれば，一緒に旅をするのが一番だ。しかも場所も非日常。いつもはできない深い話がお互いにできるかもしれない……。実際に旅の間にそれだけの

満足できる語らいができるかどうかは分からないが，できるかどうか，するかどうかが重要なのではない。それを期待して「おしゃべり」という合言葉のもと約束をするということが重要なのである。つまり〈女子旅〉は，〈終わらない女子会〉とも言えるのだ。

　さらに言えば，おしゃべりが最大限に発揮されるのは，ただ歩いている時である。『まひるの月を追いかけて』の場合，女二人が心打ち解けた気分になって語り合い，充実感を得るのは，数日間の旅行中，実は先に引用した夜道の散歩と，山の辺の道をひたすら歩いた時の二回のみ。旅程のその他の時間帯は主に名所めぐりをしているのだが，観光スポットを点と点を繋ぐように一緒に観て回るのでは心は寄り添わない。ただそこに二人だけがいる空間があって，歩く以外にすることがないとき，つまり最も〈道行〉らしい時に，おしゃべりは最も充実する。男女の〈道行〉や男どうしの〈道行〉がむしろ言葉を排除しているのとはうらはらに。

　逆に，主人公とその異母兄である男との旅の場合は，名所めぐりの方が充実する。男女だと，スポット的に見るべきものを見て回る，つまり，明確なゴールなり中継地なりがある方が安定し，充実するのかもしれない。〈女子会〉ではないのなら，おしゃべり以外の目的があった方がいいのだろう。しかし女どうしでは，むしろ一旦ゴールを保留にし，意識外に置いた方が，そのことによって終わらないおしゃべりの時間に没頭できる。終わらない〈女子会〉を求めて，女は〈女子旅〉を希求するのかもしれない。

4　まとめ

　〈放浪〉と〈道行〉の観点から，男の旅と女の旅の間にはどのような本質的な違いがあるのかを見てきた。もちろん，男はみんなそうだ，女はこうだと一概には言えないのは承知の上であるし，旅を描いた文学作品も色々だ。性別よりは個人に帰する部分が大きいところもあるだろう。しかし，旅との向き合い方はその人の人生観や生き方にも通じるところがありそうだということは感じてもらえたのではないだろうか。旅が人生を変えることもあるのならば，人生が旅のあり方

を変えることもあろう。

> ★ **考えてみよう**
> 1. 〈放浪〉〈道行〉以外にも旅の形態はある。たとえば〈巡礼〉や〈自分探しの一人旅〉などにおいて，男性の旅と女性の旅にはどのような違いがあるだろう。他の文学作品などを例に，その特徴を考えてみよう。
> 2. 映画にはロードムービーというジャンルがある。男どうしの旅では『イージーライダー』，女どうしの旅では『テルマ&ルイーズ』の名がよく挙げられるが，この二つは対照的な結末を迎えるものとしても有名である。この対照性は何からくるものなのか，自分なりに考えてみよう。

[引用・参考文献（読者の便宜を図るため，入手しやすい版を選んだ）]
・恩田　陸（2003）『まひるの月を追いかけて』，文藝春秋.
・高橋たか子（1995）『誘惑者』，講談社文芸文庫.（単行本は1976年刊行）
・林　芙美子『浮雲』，新潮文庫.（2003年改版，単行本は1951年刊行）
・林　芙美子『放浪記』，新潮文庫.（2002年改版，『放浪記』第一部1930年，『続放浪記』第二部1930年，『放浪記第三部』1949年をまとめたもの）
・グレアム・スウィフト著／真野　泰訳（2005）『最後の注文』，新潮社.

第5章 統計データから見る女性の観光旅行特性

有賀敏典

　近年「若者の○○離れ」と盛んに言われる。○○にはクルマやテレビ、読書、アルコールなど様々な言葉が入り、旅行もその一つであるとされる。ここで若者の旅行離れが本当に起こっているのかどのように判断したらよいのだろうか。また同じ若者でも、女性と男性で観光旅行に違いはあるのだろうか。さらには同じ女性でも、独身時と結婚後、子連れで違うのだろうか。なんとなく違いそうだと思っていても、本当に違いがあるのか、違いがある場合どれだけ違うのかを明らかにする必要がある。

　そこで統計データの出番である。本章では、日本人の旅行に関わるデータの特性を整理したのち、総務省の社会生活基本調査を用いて、女性の観光旅行特性を考察する。

旅行離れとは無縁？女性の旅行者が絶えない出雲大社

1 はじめに

● 日本人の観光旅行に関する動向

近年インバウンド観光需要が増大し，訪日外国人旅行者が大幅に増加する一方，日本人の観光需要は停滞しているとされている。これは，我が国の少子高齢化や人口減少，日本経済の停滞に起因するところもあるが，若者の旅行離れと言われるようにライフスタイルそのものが変化している可能性も指摘されている。すなわち，余暇時間の使い方として，観光旅行からゲームやネットサーフィンなどにシフトしているのではないかという推測である。

また，全体的には日本人の観光旅行需要の停滞が指摘されるものの，余暇時間の使い方が多様化し，観光旅行をする人としない人の二極化が起こっているのではないかという議論もある。実際，「女子旅」の言葉に代表されるように，女性の一人旅や女性の少人数グループ旅行は人気を集めてメディアで紹介されるなど，特定の層では旅行需要が旺盛であるようである。

● 観光旅行実態の把握と統計データ

観光旅行に関する動向を定量的に把握することは，旅行者の受け入れ側にとって重要である。なぜなら，旅行者のニーズに合わせた施設の改変，旅行商品の開発が可能になり，さらには需要の開拓にもつながる可能性がある。それでは旅行の動向を知るにはどうしたらよいだろうか。いくつか方法はあるが，最も基本となるのは各種統計データの活用である。

平均的には観光旅行は宿泊を伴うもので年に数回程度，日帰り（行楽）でも月1回程度のものであり，比較的頻度の低い活動である。そのため，調査を行った場合の標本数が少なくなりがちであることや母集団の代表性に気を配る必要がある。さらには同一の人でも，同行者や過去の訪問回数などによって選好が異なることもある。このように複雑な事象であるため，目的に合わせた統計データの選択が求められる。

第5章 統計データから見る女性の観光旅行特性

● 本章のねらい

　上で述べたとおり，行楽・旅行に関する動向を把握することは重要であるが，統計データを利用する際には，データの特性を理解したうえで適切なデータを用いて分析を行う必要がある。本章では，統計データの種類と特性を把握したのち，総務省が行う社会生活基本調査を用いて，日本人女性の観光旅行特性について分析した例を紹介する。男女の差，ライフステージによる差，行楽・旅行と日常生活との関係について統計データで定量的な分析を例示したい。

2　統計データの種類と使い方

● さまざまな統計データ

　日本人の旅行・観光に関わるデータは，国土交通省，公益財団法人日本交通公社，公益社団法人日本観光振興協会などの団体が調査を行い，公表している。各統計データの特性を大まかに示したものを図 5-1 に示す。サンプル数が多いほど，分類する属性の数を増やしても安定した結果を得ることができる。また時系列データ蓄積が多いほど，より長期的な傾向をとらえることができる。サンプ

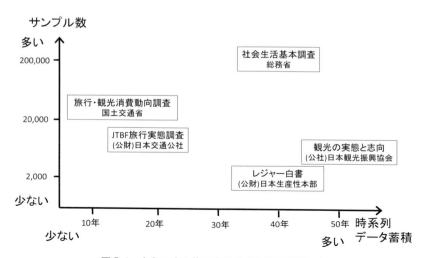

図 5-1　主な日本人旅行者に関する時系列データ

ル数や時系列データ蓄積が多いほど分析の信頼性は向上するが，一方で詳細な質問項目を設けることが難しくなり，調査項目は少なくなってしまうことが通例である。さらに，旅行に特化したデータは，当然ながら旅行に関しては詳しい調査項目があるが，旅行と日常生活との関係は調査されていないことがほとんどである。何を分析したいのか，すなわち分析対象によって，適切なデータを選択する必要がある。次からは各統計調査について概要を述べる。

● 旅行・観光消費動向調査（国土交通省観光庁）

わが国の旅行・観光における消費実態を明らかにし，旅行・観光施策の基礎資料のために活用することを目的とした調査であり，2005年から毎年4回行われている。サンプル数は，全国の男女約2万5000人である。調査項目としては，旅行に行った回数・時期（国内観光｛宿泊旅行，日帰り旅行，出張・業務｝，海外旅行），消費内訳等である。

● 観光の実態と志向（公益社団法人日本観光振興協会）

宿泊観光旅行の動向と志向について動向を経年的に調査している。全国約4500人の男女を対象に1964年から毎年実施しており，長期にわたるデータの蓄積がある。調査項目は，宿泊観光旅行の回数，目的，同行者，利用交通機関，目的地，利用宿泊施設，旅費等の実績等であり，2007年度以降はその年のテーマを設定し，テーマに沿った追加調査が行われている。

● JTBF旅行実態調査（公益財団法人日本交通公社）

国民の旅行実施内容を目的，旅行先，旅行先での行動，評価などで把握することを目的とした調査である。2000年以降毎年行われており，全国16〜79歳の男女で旅行を実施した人5000〜1万人程度を対象にした旅行実態調査である。調査項目としては，旅行実施時期，出発日，旅行先，旅行目的，現地での活動，滞在日数，消費額，同行者，交通手段，宿泊先，満足度，再来訪意向などがある。また中長期的な国民の旅行に対する意識について把握することを目的としたJTBF旅行意識調査もある。

● 自由時間と観光に関する世論調査等（内閣府）

　内閣府による世論調査において，余暇・観光・旅行に関するものも行われている。古くは1957年の「旅行に関する世論調査」から始まり，1982年から1994年までに「余暇と旅行に関する世論調査」が5回，1999年「余暇時間の活用と旅行に関する世論調査」，さらに直近では2003年に「自由時間と観光に関する世論調査」が行われている。ただし，調査項目が年次によって大きく異なり，時系列での比較が可能であるのはおおむね1982年以降である。サンプル数は，全国20歳以上の男女約3000人である。項目としては，個人の意識が詳しく調査されており，最近の国内旅行での同行者，情報の入手方法，旅行先での主な行動，旅行に行かなかった理由，今後の国内旅行・海外旅行への意欲，滞在型旅行先に求める施設や周辺の機能等，最近の国内旅行時の不満点などである。

● レジャー白書（公益財団法人日本生産性本部）

　1977年から毎年行われており，余暇の実態を需給双方の視点から総合的・時系列的にとりまとめている。全国15〜79歳の男女約3000人のサンプル調査であり，余暇活動の参加人口，参加率，参加希望率，年間平均活動回数，年間平均費用，潜在需要，市場規模等を調査している。観光・行楽に加え，スポーツ，趣味・創作，娯楽など100種類（2016年版）の余暇活動を網羅していることが特徴である。

● 社会生活基本調査（総務省）

　総務省が行う国民の社会生活の実態を明らかにするための統計調査である。1976年から5年ごとに行っており，国勢調査をベースに標本抽出し，全国で男女約20万人の回答からなる。内容としては，平日・土曜日・日曜日の20分類された活動の各々の1日の生活時間，また毎日行わないような頻度の低い活動に関しては1年間に行った活動についてである。回答者の回答は人口や地域などで重み付けがなされ，属性で集計した値が公表されている。

● まとめ

　このように様ざまな統計データがあるが，分析したい内容によって使い分ける

ことが重要である。属性別に詳しく分析したい場合には，旅行・観光消費動向調査，JTBF 旅行実態調査，社会生活基本調査などサンプル数が多い統計データが適する。一方で，長期的な分析には，観光の実態と志向やレジャー白書，社会生活基本調査が向いている。また，観光・旅行とその他の活動との関係を見たい場合には，レジャー白書，社会生活基本調査が良いであろう。また分析したい内容が統計データとしてない場合には，独自に調査を行う必要がある。詳細は本章では省略するが，街中でのインタビュー調査，観光地でのアンケート調査，Web アンケート調査，さらには GPS を使った行動調査なども考えられる。

3 社会生活基本調査を用いたデータ分析

　前節では，代表的な統計データについて説明した。ここでは，社会生活基本調査を用いて，属性別の基本的な旅行特性および旅行と日常生活との関係について分析を行う。

　まず，総務省の社会生活基本調査のホームページに調査の概要が書かれているので確認してみよう。調査票や詳しい調査内容が公開されている。つぎに結果を見てみよう。1986 年から 2006 年まで（2017 年 4 月現在）公開されている。政府統計の総合窓口「e-Stat」というページに掲載されており，調査ページにリンクが張られているので容易に見つけることができる。今回はこのページに表示されている集計表を用いて分析を行う。

> **★コラム：集計表にないデータ**
>
> 　集計表は属性別の値が公表されているが，複数属性の条件（一般にクロス表と呼ばれる）の場合の値を知りたいことがある。例えば，大都市の人口集中地区に住んでいる 20 代女性の旅行頻度を知りたい場合である。大都市に住んでいる 20 代女性のデータ，人口集中地区に住んでいるデータは公表されているが，これらを掛け合わせた条件のデータは網羅していない。このようなデータを分析したい場合は，独立行政法人統計センターのオーダーメード統計（http://www.nstac.go.jp/services/order.html）が利用できる場合がある。さらに，使用目的などの条件を満たし，統

第 5 章　統計データから見る女性の観光旅行特性

計データの分析計画を提出し承認されると，個人情報は除外したうえで，匿名データ（http://www.nstac.go.jp/services/anonymity.html）と呼ばれる個人の回答結果を分析することもできる。

　社会生活基本調査に限らず，政府で収集しているデータはより幅広く活用することが望ましいとされ，より詳しいデータが一般に公開される方向にある。興味があるデータが公開されていないか調べてみよう。

4　行楽・旅行への参加
—1991（平成 3）年と 2011（平成 23）年の比較

● データと分析

　社会生活基本調査では，行楽・旅行のカテゴリーの中に，行楽（国内・日帰り），観光旅行（国内・宿泊），帰省・訪問（国内・宿泊），観光旅行（海外）が分類されている。図 5-2 にそれぞれの平成 3 年・23 年の性別年代別の平均観光参加回数を示す。

● 行楽（日帰り観光）について

　まず，行楽については，平成 3 年・23 年ともにほとんどの年代で女性の参加回数が若干多くなっている。平成 3 年時点では男女ともに年代が上がるほど参加回数が減っている。しかし，男女とも平成 23 年では 20 代が大幅に減少し，30 代が最も参加回数が大きくなっている。行楽については男女の差は少ないといえる。

● 国内観光旅行（宿泊あり）について

　国内宿泊観光旅行は，男性は年齢が上がるにつれて参加回数が減少する一方，女性は一度 40 代で下がった後，再び上がり，60 代を超えると再び下がる傾向がある。これは子供の年齢に関係している可能性がある。親子の年齢差が 30 歳とすると，女性の 40 代は子供が 10 代となる。子供が中学生，高校生くらいであると，子供と旅行に行く機会は減ってくるが，家は空けられず，宿泊旅行へ行きにくい環境である可能性が指摘できる。なお，平成 3 年と 23 年の比較では，全体的に参加回数が下がっているが，女性 40 代が少ない傾向は同じである。

第一部　観光する女性たち

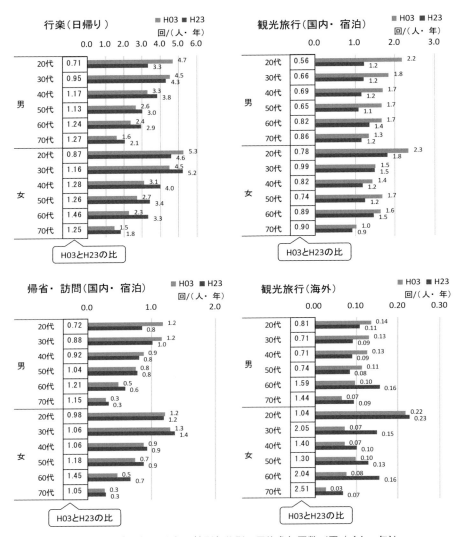

図 5-2　平成 3 年・23 年の性別年代別の平均参加回数（回／{人・年}）

注）調査では，参加回数について 1 回，2 回，3 回，4 回，5 回，6～7 回，8～9 回，10 回以上の選択になっている。ここでは 6～7 回を 6.5 回，8～9 回を 8.5 回，10 回以上を 12 回とカウントして算出した。

● 海外観光旅行について

そして最も男女の差が出ているのが，海外旅行である。平成3年時点では，女性20代が飛びぬけて参加回数が多く，その他の年代では女性より男性のほうが参加回数が多かった。しかし平成23年では，男性の参加回数が60代を除いて減少する一方，女性は全年代で増えており，男女の参加回数が逆転した。また女性は国内宿泊旅行同様，海外旅行も40代で参加回数が少なくなっている。こちらも国内旅行同様，子供の関係で海外旅行にも参加しにくい環境であることが考えられる。

● 行楽・旅行以外の余暇活動について

つぎに行楽・旅行と日常生活の関係について考えよう。これまでの研究や調査で，行楽・旅行の頻度については，日常生活の時間の使い方と何らかの関係があると言われている。例えば，奥村・塚井（1999）は平日と休日の時間利用には関連があるという仮定をしたモデルを構築した。西井ら（2002）は休日の活動時間配分について分析している。ここでは，平成3年・23年の2時点において，行楽・旅行以外の余暇活動について参加状況を調べてみる。

平成3および23年の女性について，行楽・旅行以外の各余暇活動を過去1年間に月1回以上行った人の割合およびその増減を表5-1に示す。なお，平成3年と23年では調査項目に若干差異があるため，比較ができない一部活動は省略してある。

「学習・自己啓発・訓練」では，外国語，商業実務・ビジネス・情報処理がほぼ全年代で増えている。一方，家政・家事は60代・70代で増える一方，30代・40代で減っている。芸術文化は60代・70代で増えている。

「スポーツ」については，バドミントンやウォーキング，マシントレーニングの参加がすべての年代で大幅に増加している。20代では，テニスやゴルフ，ボーリング，水泳が減少し，ジョギング，マラソンが増加している。これは他の年代とは異なる傾向である。

「趣味・娯楽」では，DVD・ビデオ等による映画鑑賞，テレビ・パソコン・携帯ゲームを行う人が全年代で大幅に増加している。一方で，和裁・洋裁，編み物・手芸，料理・菓子作り，園芸・ガーデニングが減少している。年代によっ

第一部　観光する女性たち

表 5-1　各活動を月1回以上行う人の割合（％）（平成3年・23年の女性）

分類	活動	20代 平3	20代 平23	30代 平3	30代 平23	40代 平3	40代 平23	50代 平3	50代 平23	60代 平3	60代 平23	70代 平3	70代 平23
学習自己啓発訓練	外国語	13	17	7	10	5	10	3	8	1	5	1	2
	商業実務・ビジネス・情報処理	7	19	4	12	3	12	1	10	0	7	0	2
	家政・家事	13	12	12	9	12	8	11	10	9	11	5	8
	人文・社会・自然科学	6	7	4	3	4	3	3	3	2	3	2	2
	芸術・文化	9	10	6	6	7	7	8	9	7	10	4	8
スポーツ	野球	1	0	2	1	1	1	0	0	0	0	0	0
	ソフトボール	1	0	1	0	1	0	0	0	0	0	0	0
	バレーボール	3	2	6	3	4	3	3	1	2	1	0	0
	バスケットボール	1	1	1	0	1	0	0	0	0	0	0	0
	卓球	1	1	1	1	1	1	1	2	1	2	0	1
	テニス	10	2	5	3	3	2	1	2	1	2	1	0
	バドミントン	3	6	4	7	3	9	1	11	0	13	0	14
	ゴルフ	7	1	3	1	4	1	2	2	1	2	0	1
	ゲートボール	0	0	0	0	0	0	1	0	2	0	7	1
	ボウリング	6	2	5	2	3	2	1	1	0	1	0	0
	つり	1	0	1	0	1	0	1	0	0	0	0	0
	水泳	9	2	6	3	5	3	4	3	2	4	0	2
	スキー・スノーボード	6	1	3	1	1	1	1	0	0	0	0	0
	登山・ハイキング	1	1	1	2	2	3	2	3	1	3	1	1
	サイクリング	2	4	3	5	3	5	2	3	1	3	0	1
	ジョギング・マラソン	4	4	2	4	2	4	1	2	1	1	0	0
	ウォーキング	12	28	13	31	19	33	26	38	29	43	24	29
	マシントレーニング	5	8	3	7	3	9	2	9	2	8	1	4
趣味娯楽	スポーツ観覧	3	4	2	4	3	7	1	2	0	1	0	1
	美術鑑賞	3	4	1	2	1	2	2	4	3	4	1	2
	演芸・演劇・舞踊鑑賞	3	4	2	3	2	3	2	4	3	4	1	2
	映画鑑賞	10	11	2	5	2	5	1	6	1	4	0	2
	クラシック音楽鑑賞	1	1	1	1	1	1	1	1	1	1	0	1
	ポピュラー音楽鑑賞	3	3	1	2	1	2	1	1	1	1	0	1
	CD等による音楽鑑賞	80	68	53	61	37	55	22	39	11	23	4	11
	DVD・ビデオ等による映画鑑賞	-	48	-	38	-	34	-	22	-	11	-	4
	楽器の演奏	12	10	11	8	8	7	3	5	3	4	2	2
	和裁・洋裁	14	3	21	6	17	5	21	6	20	9	13	8
	編み物・手芸	18	6	16	10	18	10	18	12	17	15	10	11
	料理・菓子作り	46	20	39	20	34	17	26	14	18	12	11	5
	園芸・ガーデニング	9	6	26	17	41	22	46	35	45	44	38	30
	日曜大工	1	0	1	1	1	1	1	1	1	1	0	0
	読書	54	39	48	41	45	44	35	38	26	32	17	20
	囲碁	0	0	0	0	0	0	0	0	0	0	0	0
	将棋	0	0	0	0	0	0	0	0	0	0	0	0
	パチンコ	6	4	4	4	6	4	5	4	2	4	1	1
	カラオケ	33	24	8	6	11	4	11	4	7	7	3	6
	テレビ・パソコン・携帯ゲーム	-	45	-	35	-	24	-	12	-	7	-	2
	遊園地、動植物園等の見物	9	5	8	7	3	5	2	2	2	2	1	1

左：平成3年　右：平成23年
↑5%以上増　↗2%以上増　→±2%以内　↘2%以上減　↓5%以上減
注1）DVD・ビデオ等による映画鑑賞，テレビ・パソコン・携帯ゲームの2項目は平成3年調査では設定されていない。
注2）小数点以下を省略しているため，矢印の向きが異なって見える場所がある。
　　（例：5↗10%は，実際は5.2↗9.8(+4.6%)）

て異なる傾向があるのが，20代以外ではCD等による音楽鑑賞増加しているのに対し，20代は減少している。読書は40代を境に，カラオケは60代を境に，若年層で減少し，高齢層で増加している。

　これらのことから，余暇活動は20年で大きく変化していることがわかる。とくに20代を中心とする若年層では，ライフスタイルの劇的な変化が起こったと考えられ，DVD・ビデオ等による映画鑑賞，テレビ・パソコン・携帯ゲームが行楽・旅行に与える影響も大きいと考えられる。

5　ライフステージと観光旅行の頻度，同行者

● ライフステージとは？

　一般にライフステージとは，入学，卒業，就職，結婚，子供の誕生，子供の独立，退職など人生の節目において段階を分けることを言う。既存研究ではライフステージにより女性の観光行動が大きく変わることが示されている（例えば，若生ら，2001）。前節の分析でも，女性はライフステージにより，行楽・旅行の参加回数が異なりそうだということがわかったが，実際にどのような差があるのだろうか調べてみよう。近年ではライフステージも多様化しているが，ここでは，独身⇒（結婚）⇒夫婦⇒（出産）⇒夫婦＋子⇒（子の独立）⇒夫婦と世帯構成が変わっていく場合について分析する。

● ライフステージと行楽・旅行の参加

　図5-3にライフステージ別の女性の有業率および行楽・旅行の年間参加回数を示す。結婚後のステージB，出産後のステージCで有業者率が一度減少し，子供が大きくなるにつれて次第に復帰し，高齢になると再び減少する。

　行楽・旅行については，旅行形態によって傾向が異なる。行楽（日帰り）は，独身から夫婦になり出産後のステージC（子供が就学前）に5.89回/年と最大になる。その後は子供の成長とともに参加回数が減り，子供が独立して夫婦に戻った時に再び増加し，高齢になるにつれて再び減少する。宿泊を伴う国内観光旅行はステージB（結婚後の夫婦）で1.89回/年と最大になった後減少し，子供が独

			有業者率	行楽 (日帰り)	観光旅行 (国内・宿泊)	帰省・訪問 (国内・宿泊)	観光旅行 (海外)
A	独身	本人が35歳未満	87%	4.50	1.88	0.84	0.26
B	夫婦	本人が35歳未満	70%	5.33	1.89	2.04	0.34
C	夫婦+子	末子が就学前	47%	5.89	1.27	1.80	0.05
D		末子が小学生	69%	4.90	1.30	1.15	0.06
E		末子が中学生	77%	3.20	0.87	0.81	0.07
F		末子が高校生	77%	3.18	0.80	0.82	0.09
G	夫婦	本人が65歳未満	57%	3.91	1.55	0.99	0.18
H		本人が65歳以上	20%	2.65	1.40	0.51	0.13

図 5-3　ライフステージ別の女性の有業率および行楽・旅行の年間参加回数

立して夫婦に戻った時に再び増加し，高齢になるにつれて再び減少する。帰省・訪問も，傾向としては国内観光旅行と同じであるが，独身期と結婚後のギャップが大きい特徴がある。これは結婚により親族が増えるからであると考えられる。海外旅行についても増減の傾向としては同じであるが，ライフステージによる差が最も大きい。子供が生まれてからの参加は 0.05 回 / 年と極端に低くなる。実際の旅行者を受け入れる現場では，独身，出産前の夫婦，子供が独立した夫婦などのニーズの高い属性に応えることはもとより，子供が小さい時期に近場で行える行楽の環境整備も重要であろう。

● ライフステージと行楽・旅行の同行者

図 5-4 にライフステージ別の女性の行楽(日帰り)および観光旅行(国内宿泊)の同行者を示す。どちらも傾向的には似ており，独身期の友人・知人メインの形態から，結婚後に家族メインに変化する。その後は子供の成長とともに徐々に家族同伴は減少し，友人・知人等が若干増加する。男性と異なり，女性の一人旅は増加しているものの，参加割合では少なくなっている。一番多い独身期で，日帰りの行楽で 10％，国内宿泊観光旅行で 6％程度である。ただし，独身期の女性の数は増大しており，参加者の絶対数は増加していると思われる。

(a) 行楽（日帰り）に同行した人

			家族	学校・職場の人	地域の人	友人・知人等	一人
A	独身	本人が35歳未満	33.1	15.6	0.7	54.1	10.2
B	夫婦	本人が35歳未満	71.8	9.7	0.4	30.1	6.8
C	夫婦+子	末子が就学前	79.2	2.6	1.8	18.0	1.2
D		末子が小学生	74.7	4.3	3.5	17.7	1.8
E		末子が中学生	58.3	5.5	1.8	19.6	3.2
F		末子が高校生	53.1	6.2	2.3	22.2	3.9
G	夫婦	本人が65歳未満	54.0	4.0	4.8	28.1	4.4
H		本人が65歳以上	37.2	0.8	9.5	25.4	2.2

(b) 観光旅行（国内・宿泊）に同行した人

			家族	学校・職場の人	地域の人	友人・知人等	一人
A	独身	本人が35歳未満	21.7	9.1	0.2	42.5	6.0
B	夫婦	本人が35歳未満	59.2	3.8	0.2	17.4	1.7
C	夫婦+子	末子が就学前	52.1	1.2	0.3	6.1	0.3
D		末子が小学生	52.1	1.6	0.8	7.7	0.3
E		末子が中学生	37.7	2.8	0.3	7.4	1.1
F		末子が高校生	32.0	2.9	0.5	9.2	1.0
G	夫婦	本人が65歳未満	40.9	2.9	2.2	18.8	1.7
H		本人が65歳以上	32.3	0.8	6.5	21.1	0.8

図 5-4　過去1年で各同行者と行楽・旅行をした人の割合（複数回答）

6　まとめ

　本章では，旅行者に焦点を当てた様ざまな観光統計データを紹介し，種類と特性を述べた。各統計データは標本数や時系列のデータ蓄積，調査項目が異なるため，目的に応じたデータの選択をする必要がある。また総務省が行う社会生活基本調査を用いて，日本人女性の観光旅行特性について分析した例を紹介した。その結果，余暇時間の使い方が20年間で様変わりしていること，性別や年代で行楽・旅行需要が異なること，ライフステージによって行楽・旅行頻度や同行者が異なることを示した。本章では割愛しているが，普段の就業状況や居住

地域による差を分析することもでき，本章で扱った年次以外についても分析ができる。興味があればぜひ自分の手で分析をしてみて欲しい。

> ★ **考えてみよう**
> 1. 最近 10 年の季節別の動向を知りたい場合には，どの統計データを使うのが良いだろうか。
> 2. 紹介したデータについて，調査項目にはどのような特徴があるかまとめてみよう。
> 3. 女性の観光について，ライフステージによって観光の目的や行き先がどのように異なるか考えてみよう。

[引用・参考文献]
- 奥村　誠，塚井誠人（1999）「平休日の生活時間評価構造に関する研究」，土木計画学研究・論文集，16，181-186.
- 公益財団法人日本生産性本部編（2016）『レジャー白書 2016―少子化時代のキッズレジャー―』，生産性出版.
- 国土交通省観光庁ホームページ．2017 年 4 月 1 日参照，http://www.mlit.go.jp/kankocho/siryou/toukei/index.html
- 総務省統計局「平成 3・23 年社会生活基本調査結果」．2017 年 4 月 1 日参照，http://www.stat.go.jp/data/shakai/2011/index.htm
- 内閣府大臣官房政府広報室世論調査．
  ① 2017 年 4 月 1 日参照，http://survey.gov-online.go.jp/index-all.html
  ② 2017 年 4 月 1 日参照，http://survey.gov-online.go.jp/h15/h15-jiyujikan/index.html
- 西井和夫，佐々木邦明，西野　至，今尾友絵（2002）「都市圏休日生活行動における活動時間配分特性分析」，土木計画学研究・論文集，19-3，561-568.
- 日本観光振興協会（2016）『平成 27 年度版 観光の実態と志向 ―第 34 回国民の観光に関する実態調査―』，日本観光振興協会.
- 旅行年報 2016 日本交通公社，日本交通公社，JTBF 旅行者調査．2017 年 4 月 1 日参照，https://www.jtb.or.jp/research/theme/statistics/statistics-tourist
- 若生広子，高橋伸夫，松井圭介（2001）「ライフステージからみた女性の観光行動における空間特性―仙台市北部住宅地の居住女性を事例として―」，新地理，49-3，12-33.

第二部

観光地を担う女性たち

第6章　あでやかさの舞台裏
　　　　──観光資源としての鶴崎踊の成立と地域社会における女性

第7章　世界遺産富岡製糸場に関する女工の歴史
　　　　──何が見せられ，何が見せられていないのか

第8章　宿泊業を担う女性──旅館におけるサービスの担い手とは

第9章　地域で観光を支える女性
　　　　──ケーススタディに見る女性としての存在とあり様

第10章　ジオパークと女性

第11章　東日本大震災の被災地における観光の変化とその担い手
　　　　としての女性

第6章

あでやかさの舞台裏
―観光資源としての鶴崎踊の成立と
地域社会における女性

長尾洋子

　神輿をぶつけあう勇壮な祭り，美しい衣装に身を包んだ娘たちが見物客の目を楽しませる優雅な踊りなど，各地に伝わる祭りや芸能には男らしさや女らしさ，つまりジェンダーに関わる特徴がきわだつものが数多くある。表舞台だけではなく運営，準備，稽古などにも目をむけると，伝統文化に対する関わり方は年齢や世代，生業に加えて，ジェンダーによって異なることが多い。そうした違いはどのように生じるのだろうか。

　例えば祭礼において男性が中心となるのは江戸時代に女性を血穢ゆえに不浄と見なす観念が浸透したことが主因の一つとされている。他方，霊力をもつとされる女性が祭祀の中心に位置づけられる琉球諸島の例もある。現代においては，少子高齢化による後継者不足や趣味の多様化，伝統行事に対する意識の変化などから，祭りや芸能における男女の役割や決まりごとが変化する場合がある。

　この章では，観光資源としての地域伝統芸能や行事の成立にジェンダーがいかに深くかかわっているか，また女性の位置づけがどのようなものかについて，大分県の鶴崎踊をとりあげて考えてみたい。

2015年度本場鶴崎踊大会
（筆者撮影）

1 観光資源としての地域伝統芸能
―旅行の大衆化と「鶴崎踊」の誕生

　各地に伝えられる盆踊，祭りで演じられる神楽や獅子舞などのいわゆる地域伝統芸能は，その多くが観光資源としての顔をもっている。たとえば 17 世紀の盆踊を起源とし，種々の民衆芸能の影響を受け，数百年かけて発達をとげた徳島市阿波踊りは，毎年 100 万人以上もの観光客が訪れる全国有数のイベントの主役である。地域伝統芸能はいまや地域内外のさまざまな機会に出演することで観光宣伝に活用され，集客を促進する効果が期待される存在である。

　地域伝統芸能が観光の対象となったのは，大正末～昭和初期の旅行の大衆化と密接な関係がある。かつて旅はたいへんな危険や苦労を伴うものであったが，大正末頃になると，鉄道をはじめ交通機関の整備が進み，移動のハードルが下がったこと，乗客誘致のために鉄道会社が行楽地や保養地の開発・宣伝に努めたこと，雑誌や旅行パンフレットなど印刷メディアが各地の名勝，風物などを紹介して旅行への関心を高めたことなどを背景に，旅行は急増する都市中間層にふさわしい娯楽・趣味として捉えなおされるようになった[1]。

　大分県で親しまれている鶴崎踊もこのような歴史的文脈と無縁ではなかった。その本場は現在の大分市鶴崎地区である。

　現在の鶴崎地区は大分市北部，別府湾に注ぐ大野川の河口に位置する臨海工業地域として知られており，人口約 8 万人，3 万 3 千世帯が暮らしている。水運による交通・物流の要衝であることから港町として発展した。大友氏家臣吉岡氏の居城であった鶴崎城跡に，関ヶ原の合戦後，肥後一国（現在の熊本県）を治めることになった加藤清正が御茶屋を置き，細川氏がそれを引き継いだことから，近世を通じて政治，経済，軍事，教育の面でも拠点をなした[2]。御茶屋というのは元来，藩主の休憩所・宿泊所として設けられるものであったが，鶴崎の場合は郡会所，郡代詰所や役人の詰小屋，銀貨鋳造所や銀蔵，武器蔵，藩校などがおかれた点が特殊である。熊本藩は参勤交代の際には熊本から鶴崎までは陸路，鶴崎から大阪までは海路をとって江戸に向かった[3]。鶴崎が重要視されたのは瀬戸内海への通路確保のためであった。廃藩置県を機に大分県の管轄となって以降，1963 年に大分市に合併されるまで, 鶴崎が独立した町あるいは鶴崎市（1954 ～ 1963 年）

第 6 章　あでやかさの舞台裏——観光資源としての鶴崎踊の成立と地域社会における女性

として自律性を保った背景にはこのような歴史があったのである。

　鶴崎地区の中でも 8 月盆明けの風物詩「本場鶴崎踊大会」(以下，大会)を中心的に担う鶴崎校区は，幕藩制下において鶴崎三か村とよばれた鶴崎村[4]・寺司村・国宗村，そして隣接する小中島村の範囲にほぼ収まる。この地に伝わる盆踊は 18 世紀末に隆盛し，19 世紀初頭に著された『鶴崎夜話』によれば，盆の期間が過ぎてもさらに数日延長して踊りに興じるほどであったという[5]。鶴崎踊は「猿丸太夫」「左衛門」の二つの演目からなり，大分県における約 100 種の踊りのなかでも趣向を凝らした衣装と手振りの優美さで有名である。ゆったりとしたテンポで優雅に踊られる「猿丸太夫」は宝永年間に伊勢参りに出かけた者が伊勢踊を持ち帰ったものが起源とされる。終了前に短時間踊られるのが軽快な「左衛門」である。「左衛門」の起源は，戦国大名大友宗麟の時代にまでさかのぼると伝えられている。鶴崎踊は死者の供養のためばかりでなく，宴席で踊られるなど世俗的な娯楽として人びとの生活に深く根を下ろしていた。

　かつて盆踊を主催したのは若衆組や初盆の家であった。明治期においても施餓鬼，大師祭り，地蔵祭りといった名目で，町筋や隣接する旧村落を単位として行われた。それが 1914（大正 3）年春に日豊本線鶴崎駅が開業すると別府，大分など沿線各地からの見物客が急増し，新聞などが「鶴崎踊」と呼ぶようになったとみられる[6]。つまり，遠方からでも見物に訪れたいものとして鶴崎町の踊りが一括りのものとして捉え直され，そうした外部からの視線によって鶴崎踊という名の観光資源が誕生し，その呼称が徐々に定着したのである。

2　あでやかさの来歴

● 女性らしさが際立つ鶴崎踊

　鶴崎踊の表象（どのように表現されたり形容されたりするか）においては，女性は欠かすことのできないものであり，優美さやあでやかさといった女性的な美は鶴崎踊の魅力の中核をなすと認識されている。大分市観光協会ウェブサイトでは市を代表する五つの観光イベントの一つとして大会が紹介されている。きらびやかな冠を載せた和装の女性の笑顔のクローズアップである。そのすぐ上の「大

図 6-1　鶴崎おどり保存会公式ウェブサイトの画像例
（2017 年 4 月 18 日参照，http://www.turusakiodori.jp/ より）

分七夕祭り」に用いられている勇壮な武者絵が示す男性性と対照的である。鶴崎おどり保存会（以下，保存会）ウェブサイトのトップページでは大会で撮影された踊り子の画像 4 枚がスライドショー形式で示される。入念な化粧を施し，手の込んだきらびやかな衣装に身を包んだ女性の姿が前面に押し出されている（図6-1）。また，1963 年から 2016 年までのポスター 29 点のデザインには，女性の踊り姿をメインに据えたものが圧倒的に多い。男性の姿は背景やアクセントをつけるために用いられた輪踊りの中に若干認められる程度にすぎない。新聞における写真もやはり女性の踊り子を写す場合が多く，記事のなかで典型的に用いられる言葉についても，優雅，優美，しなやか，あでやか，しっとりといった主に女性性と結びついたものが目立つ。

　鶴崎踊は老若男女によって楽しまれ，伝えられてきたにもかかわらず，女性(性)が強調されるのはなぜなのだろうか。その歴史的背景を探ってみよう。

● 郷土芸術の時代の残り香

　近世以来の盆踊は 1923（大正 12）年，大きな転機を迎えた。きっかけは，皇太子と婚約していた久邇宮良子女王（後の香淳皇后）が家族とともに別府に立ち寄った際，鶴崎の人びとによる鶴崎踊を披露した出来事である。

第 6 章　あでやかさの舞台裏——観光資源としての鶴崎踊の成立と地域社会における女性

　当時，皇族に地方伝統芸能を披露すること自体はそれほどめずらしくなかった。また，大正期には中流以上の家庭の趣味となることを想定し，木曾節や銚子大漁節，「梅は咲いたか」などの在来の歌謡や和歌を素材として，家庭で行うのにふさわしくない歌詞を改め，誰でも楽しく踊ることができるよう簡単な振付をほどこした家庭踊の普及が試みられた[7]。普及宣伝の中心となったのは，東宮の教育係も務めた音楽学者田辺尚雄であった。北白川宮家や久邇宮家に出入りして音楽の講義を行っていた田辺は，家庭踊の伝授要請を快諾した。久邇宮良子女王も生徒の一人であり，1922 年に朝香宮邸で盛大に催された家庭踊会への出席を機に家族で楽しむようになった[8]。このように，地域伝統芸能（この場合，木曾節や銚子大漁節といった在来の歌謡，盆踊を模した反復・輪踊りの形式）が素材として活用され上流階級の家庭に広まりつつあった時代に，鶴崎踊は久邇宮良子女王台覧（以下，台覧）という機会に遭遇したのである。

　さて，久邇宮良子女王一行は当時「財界の世話役」の異名をとる大分県中津出身の実業家和田豊治が別府に構えていた別荘に滞在することになった。和田は旅情を慰めるため鶴崎踊の開催を鶴崎町当局に打診する[9]。町会議員らはこの上もない栄誉であるとし，踊り子として 16 〜 25 歳の町在住の娘を募集したところ，志望者は引きも切らず，戸籍台帳を引っ張り出しての人選作業となった。当日は「一代の光栄を担った踊子は鶴崎の名家の子女をすぐった六十名」が町長代理や町会議員など町の主だった人びとに率いられて会場入りし，桜模様の揃いの衣装を身に付け「差す手引く手に郷土芸術の光を見せて……女王殿下を始め各宮殿下を古（いにしへ）の伝統の国，夢の国」に誘（いざな）うかのように静々と舞った[10]。

　鶴崎での熱気に満ちたじっさいの盆踊とはかなり異なっていたといえないだろうか。供養のため，あるいは踊るために踊るのではない。皇族台覧にふさわしいパフォーマンスに仕立てるにあたって重視されたのは，若く美しい娘たちによる秩序立った踊りであり，教養をそなえた品のよさであった。選ばれた娘たちの多くは女学校卒業者が多いとの報道もなされたほどである[11]。

　台覧はまた保存会の設立および現在に続く大会が起こるきっかけともなった。台覧翌年の 8 月には発会式と台覧一周年記念を兼ねて鶴崎小学校校庭で記念踊が開催される。大勢の見物客を見込んで臨時列車まで運行され，途中で客車が増結されたが乗り切れず，近隣町村からも人びとが押しかけたために，町始まって以

図 6-2　台覧の様子を鶴崎小学校校庭で再現
（1923 年頃。大分市役所鶴崎支所蔵）

来の賑わいであった。保存会は校庭の中央に大屋台を設け，校舎の屋根には電飾を灯し，400人が舞った様子はさながら「踊りの絵巻物」「優婉そのものの情景」だったと伝えられた[12]。これが鶴崎町全体で行う大会の原型となった。台覧によって注目を集め人気が上昇した鶴崎踊は，町が一丸となってプロデュースする観光資源へと変貌したのである。

それが象徴的に示されたのが1933年（昭和8）年の東京三越本店における全九州名物特産陳列会の余興出演であった。鶴崎踊が大分県代表の郷土芸能として演じられることになったのである。この「帝都デビュー」は町を挙げての取り組みとなった。踊り子は審査に合格した10代後半〜20代半ばの一般女性である[13]。町役場で毎晩稽古を重ね，大分市内で試演会まで催して入念に準備した結果，本番の観覧者からは「今まで見たことのない優雅な踊り」といった感想や「踊りの名取りですか」との質問が寄せられた[14]。

当時は芸を売る職業の者以外が公衆の面前で芸を披露することは慎みがないとされる社会的風潮があり，女性の行動規範にも影響を及ぼしていた。そのため，郷土芸能も芸妓を出演させることがあった。古くからの港町である鶴崎には昭和初期までお座敷文化が健在であったため[15]，地元の芸妓を出演させるという発

想があってもおかしくなかった。しかし，一般女性を出演させたのは，台覧が成功し，良家の子女による郷土芸能の披露に抵抗感がなかったどころか，名誉なことであるという意識が確立していたためと考えられる。

表象における女性のこうした位置づけは，その後も尾を引いている。たとえば，保存会の踊り子は1978年頃まで未婚の女性に限られていた[16]。また，1981年の「ミス鶴崎踊」[17]の企画では，若手の確保と育成という課題に対して，未婚女性が第一の対象となったが，これは台覧や東京三越出演という歴史的背景を抜きに考えにくい。ミス鶴崎踊の応募資格は大分市内在住の16～25歳の健康明朗な独身女性と定められた。推薦を依頼されたのは地元企業や校区，各町内（自治会）等であり，審査員は保存会役員，市商工部長，地元報道機関，大分県観光課長らが務めた。かつての「良家の子女」の現代版と解釈できる。

今でも地元の人びとが思い浮かべる「鶴崎踊のあるべき姿」には，女性の踊り子の存在が重視されている。2016年の聞き取り調査では，少子高齢化が進み，地域の伝統行事に関わる人口が減少の一途をたどるにしても「踊り子に女性がいないわけにはいかない」という声が聞かれた。またその意識を裏づけるかのように，各町内はなるべく多くの女性の踊り子を確保するべく腐心している。

● **女性の動きを前提とした基本型**

「鶴崎踊のあるべき姿」という意味では，保存会が普及に努める標準的な所作（基本型とよばれる）にも注目する必要がある。基本型は女性が踊った時に美しく整ってみえるようになっている。指導要綱には「手の幅は，肩幅で両肘を少し緩める」「手は胸を通って目の高さで投げる」「足の指先は外向きにならないように」と明記され，腕を開きすぎることなく，内股でしとやかな動きが重視されていることがわかる。

しかし，2000年頃からそれまで表舞台には出ることのなかった男性の踊り方が意識されるようになった。鶴崎踊は，基本的な動作は共通しているものの，手首の角度や身体のそらせ方や腕の動かし方に個性が見られるもの，チャリ踊（拍子をわざと外しておどけたり，規定の拍数の中で過剰に腕を振り回したりして滑稽にふるまう）など，世代の違い，各町内の特徴，個人の感性に基づく工夫や場の雰囲気に合わせた崩し方などによって多様である。そのなかで保存会の目にと

まったのが A 氏の踊りぶりであった。見る者を惹きつける，味のある踊りをする老練者は何人もいたが，保存会として「男踊」の範を求めるとしたら A 氏であろうと白羽の矢が立ったのである。直接の伝習とビデオ製作を通じて規範化が進められるなかで，指導要綱には「男踊の場合の注意点」が盛り込まれた。「手の幅は肩幅よりやや広く，足指先は内向きにならないように」「取った手は『おへそ』の前を通って目の高さで投げる」ようにせよというのである[18]。

いわば「遅れて来た男踊」は，鶴崎踊の基本型が長く女性の踊り子を前提としていたことを改めて浮き彫りにしたといえる。現在も地域や学校での踊りの習得に際しては，まず基本型を身に付けるよう指導される。大正期以来，揃った踊り，郷土芸術として鑑賞にたえる踊りを追求するなかで培われた所作の美は，その当時よしとされた女性らしさに基づいていたのであった。

つぎに鶴崎踊にとって年に一度の晴舞台である大会の準備過程に注目し，表象とは異なる次元における女性の役割を見ていきたい。

3 「絢爛豪華」本場鶴崎踊大会の舞台裏

● 実行委員会の構成から

大会の主催者は大会実行委員会（以下，実行委員会）である。8月下旬の開催に向けて動き始めるのは5月か6月，約3か月かけて宣伝用ポスターの審査，個人出場者の募集，寄付金募集，PR活動等を行う[19]。大会における女性の役割を知るために，まずは実行委員会の構成を見てみよう（表6-1）。

顧問から寄附金部まで合わせて96のポストがあるなかで，圧倒的大多数は男性（延人数91名，兼任による重複を差し引いた場合78名）によって占められているのがわかる。女性は会場設営運営部における商工会議所鶴崎支所鶴崎商工女性部の役職者3名，鶴崎地区青少年健全育成連絡協議会事務局の担当者1名，保存会役職者1名の計5名にとどまる[20]。役員を務める者は皆無である。構成員の男女比にこのような偏りが生じるのはなぜだろうか。

要因の一つに，実行委員会が主に既存の行政組織，住民組織，保存会の役職者によって構成されている点が挙げられる。それらの役職者には男性が就く率が高

第6章　あでやかさの舞台裏──観光資源としての鶴崎踊の成立と地域社会における女性

表6-1　実行委員会構成員の男女別人数と役割分担

役職名	ポスト数	男性延人数（実数）	女性延人数（実数）	所属等
〈顧問〉				
顧問	3	3 (3)	0	大分合同新聞社社長、萬籟會会長、前鶴崎おどり保存会会長
〈役員〉				
大会会長	1	1 (1)	0	大分市長
実行委員長	1	1 (1)	0	鶴崎おどり保存会会長
副実行委員長	4	4 (4)	0	鶴崎おどり保存会副会長、同研修部長、同専務理事（鶴崎市民行政センター長）
寄付金部長	1	1 (0)	0	
普及宣伝部部長	1	1 (0)	0	
踊り運営部部長	1	1 (1)	0	28年度当番若長 堀川本町若長
会場設営運営部部長	1	1 (1)	0	山川若長
衣裳委員長	1	1 (1)	0	
監事	2	2 (2)	0	住友化学大分工場総務部長、鶴崎商店街連合会会長
事務局長	1	1 (1)	0	鶴崎おどり保存会事務局長（大分市鶴崎支所長補佐）
事務局次長	1	1 (1)	0	鶴崎おどり保存会理事（国宗若長）
〈大分市実行委員〉				
実行委員	4	4 (3)	0	大分市観光課長、大分市観光協会専務理事、大分市消防局東消防署長、鶴崎おどり保存会専務理事（鶴崎市民行政センター長）
事務局長	1	1 (0)	0	鶴崎おどり保存会事務局長（大分市鶴崎支所長補佐）
〈専門部会〉（部会は役員欄に示したため除く）				
会場設営運営部	23	19 (17)	4 (4)	鶴崎校区自治会会長、大分東警察、大分商工会議所鶴崎支所、少年補導員、青少年健全育成協議会、大分市交通指導連合、大分市消防団、保存会研修部代表、大分商工会議所鶴崎支所、鶴崎地区青少年健全育成連絡協議会事務局など
踊り運営部	11	11 (10)	0	鶴崎校区自治会若会
普及宣伝部	6	5 (5)	1 (1)	鶴崎おどり保存会研修部、大分合同新聞社、大分ケーブルテレコム、JR九州鶴崎駅、ライフタウン東
寄付金部	33	33 (27)	0	
男女別計	96	91 (78)	5 (5)	鶴崎おどり保存会、鶴崎地区校区会長、商工会議所鶴崎支所議員、ライオンズクラブ、鶴崎商店街連合会

（平成28年度本場鶴崎踊大会実行委員会総会資料より作成）

い，あるいはそうした慣行があるために，それがそのまま実行委員会の男女比に反映されるのである。たとえば会場設営運営部においては鶴崎校区内の各自治会長が部員を務めることになっているが，自治会が世帯を単位として構成され，自治会長は世帯主（ほとんどの場合男性）から選ばれることになる。

さらに若長会とよばれる青壮年層の男性組織が大きな存在感を放っている。「会場設営運営部」は鶴崎校区内の各自治会長，警察署，商工会議所，消防・交通関係の担当者から構成されるが，部長は若長が務めている。「踊り運営部」には鶴崎校区内のすべての町内から一人ずつ若長が出ることになっており，部長は輪番制である。若長会は若者組ともよばれる伝統的な成年男子の組織を前身とし，近代以降，青年団として国家体制の中に再編成されたものである。伝統的には，祭礼への関与，盆踊りの開催，急病人の搬送や災害時の出動，夜回り，警備，寄合への参加（組頭）など，年中行事で大きな役割を果たすとともに地域社会運営の一端を担っていた。鶴崎では若長の語が現在も公に用いられる[21]。現在は会場設営や運営業務の多くは事務局が行っているが[22]，若長は実行委員会の構成員であるため，会合に出席し大会運営に関する情報や意見をやりとりできる立場にあり，あるいは役員として意思決定に携わる機会もある。実行委員会への女性の参加がきわめて限られているのは，地域共同体の中で若者組に匹敵するような役割を担う伝統を持たなかったことが一因と考えられる。

ただし，6月にはまだ名簿が確定していない審査班（大会はコンテストでもある）や衣裳委員会には少なくない割合の女性が参入している。そこで，大会の大きな特徴とされる衣装面に注目してみたい。

● 衣装に対するこだわり

各町内の公民館には大会の記念写真がずらりと壁にかけられている。衣装に着替え，化粧も鮮やかな本番直前に撮影するのが恒例だ。町内で組織する踊り子隊は各々テーマを立て，2か月かそれ以上の手間暇をかけて衣装を用意するのが通例である。大会が絢爛豪華，時代絵巻と賞されるゆえんである。

鶴崎における盆踊りのいでたちは19世紀初頭にはにわか狂言や芝居のようであったとされ，仮装による踊りの伝統はその頃すでに生じていた[23]。大正期に地元の豪商が初盆に懸賞付きの供養踊りを催したところ，趣向を凝らした豪華

第 6 章　あでやかさの舞台裏——観光資源としての鶴崎踊の成立と地域社会における女性

な衣装を作って踊り合戦を繰り広げたのを契機に豪華絢爛を競う風が一段と強くなったといわれている[24]。その頃の新聞は 15 〜 30 人ほどの団体が武士姿，鯔（どじょう）すくい，巡礼姿といった意匠を凝らして，美しい娘たちやいなせな若衆が灯に照らされて浮世絵のように浮かび上がる景色は実に見事などと伝えている[25]。戦前は大会が近くなると，家にある着物を公民館に持ち寄って金銀の紙など様ざまな細工をして飾り付けたという[26]。1943 生まれの C さん[27] が小学生の頃は，子どもだけで町内から踊り子隊が 3 組もできるほどで，親は半年前から衣装作りにとりかかっていたという。組ごとに，しかも初日と 2 日目では異なるテーマを立てたため，町内としては子ども用だけで 6 種類の衣装を作っていたことになる。テーマは桃太郎，かぐや姫，一心太助などを覚えている。図 6-3 は 1957 年の衣装作りの様子である。中央には 2 人の男性（1 人は若長），その周りを取り囲む女性たちは手に手に針を持って縫い物にいそしんでいる。

　こうした経緯に加え，大会がコンテスト形式であることも衣装へのこだわりに強く影響している。団体賞については踊りだけでなく衣装も審査の対象となっており，各町内，団体は互いをライバルとして毎年凌ぎを削ってきた。ただ，二晩続けて異なる衣装を用意することの負担感，衣装にかかわらず鶴崎踊を盛り上げていこうとする動きなどが出てきたため，2008 年からは初日は手作り衣装，2 日目は保存会統一衣装（鶴模様の浴衣）を着用するようになっている。

図 6-3　衣装作りの様子
（1957 年 8 月 15 日大分合同新聞より転載）

● 衣装作りにおける女性のはたらき

　このような文脈において，衣装制作とはテーマを検討し，デザインを考え，「財産」(保管してある衣装，古着，パーツなど) の何を使用し，何を新たに作り，形として組み立てるかを考え，実行する一連のプロセスを指す。各町内の状況によってばらつきはあるが，大会までの準備は概ね次のように進行する。

　テーマやデザインの検討が行われ，決まるのはだいたい 4 月から 6 月である。6 月には踊り子を募集し，7 月半ばぐらいには人数やサイズが判明する。衣装作りは 7 月から 8 月にかけて町内ごとに決められた役割分担，作業日程にしたがって，公民館で行われる (図 6-4)。主導するのは自治会婦人部，文化部，青年会 (若長会) など町内によって異なる。7 月末には本体の製作をあらかた終え，8 月を装飾用のパーツの仕上げや練習に来る踊り子たちの衣装合わせ，サイズ調整にあてる町内もある。

　踊り子 20 ～ 30 人分の衣装をこしらえるのに女性は欠かせない戦力である。着物の袖の付け替えやリメイク，装飾品の縫い付け，小物の縫製など縫い物が多く発生し，女性 (とくに婦人部，裁縫の心得があり経験豊富な年輩の女性) はこの工程で最も期待される存在である。もちろん男性も人によっては相当に時間と労力を割いてはいるが，どの町内でも針を動かしているのは女性である。甲冑製作で生じる穴開け，紐通しや細かな装飾パーツの製作など，比較的単純だが人手のいる作業には若い母親たちが手伝いに駆り出される[28]。このような状況に疑問や不満をもち，非協力的な住民が存在する一方で，子どもが出場するかどうかにかかわらず子ども会の活動の一環として母親たちが衣装作りに参加する慣行が成立している町内もある。

　8 月に入って各町内の公民館で踊りの練習が始まると，衣装合わせやサイズ調整をし，最後の仕上げを行う。本番が近くなると着付の手順や家庭での作業の説明が行われる。現代の衣生活はすっかり洋装化し，既製品に頼るようになっており，肌着や襦袢，足袋の用意，半襟の付け方など基本的なことについて，今ではかえって細かな指示が必要とされ，和装に関する知識・技術をもった人材，すなわち年配の女性が求められることになった。衣類 (和服) というのは女性にとって大切な意味があり，自身のみならず家族の衣類の管理にまつわる知識や技術は家庭の中で主に女性によって継承されてきた[29]。そうした生活文化の中に生き

第6章　あでやかさの舞台裏——観光資源としての鶴崎踊の成立と地域社会における女性

図 6-4　現在の衣装作り
（2016 年 8 月 4 日筆者撮影）

た世代の女性が地域の行事で有用な人材となっている。2016年に調査したある町内では青年会が衣装面に関してかなり熱心に取り組んでいた。装飾パーツは衣装に縫い付けるのではなく，クリーニングで剥がれるよう特別に調合した糊を開発して用いたり，子ども用衣装のサイズ調整には安全ピンを多用したりして，針子の女性の関与が少なくてすむようにしていた。それでも衣装合わせや本番当日には，裁縫や着付の心得のある女性が頼りにされていた。

このように，裁縫や和装に関する知識・技術の提供者としての女性が鶴崎踊衣装の「絢爛豪華」を支えている面が大きいのである。

4　変質する地域伝統と女性

本章では鶴崎踊の歴史をふりかえり，女性性が強調されたあでやかな表象がどのような時代状況や思潮において，どのような出来事を機に形づくられたのか探った。また，大会がどのような組織や人びとによって運営され，この行事の大きな特徴をなす衣装へのこだわりが維持されてきたのか考察した。

鶴崎踊は大正期以降，観光が大衆化される流れのなかで，それまで町内や村落ごとに賑やかに行われていた盆踊（供養踊）が一括りのものとして見物の対象となったことが確認された。また，皇族の台覧や日本橋三越での観光物産催事出演を契機に旧鶴崎町の有力者や行政が世話を引き受け，芸の確かな囃子方による伴奏で選抜された若い未婚の女性たちが踊る形が確立された[30]。そうしたなかで保存会，大会が誕生し，後者は各町内の区分を超えて，旧鶴崎町というより大きな単位で実施される年中行事として定着し，女性を前提とした踊りの規範（基本型）が形成されたのである。その意味で鶴崎踊は近代において「創られた伝統」[31]なのであった。

　現在，各町内での盆踊（供養踊）は盆棚をしつらえ，僧侶の読経の後に特別な衣装を用意することもなく踊る形式となっており，往時と比較すると娯楽の要素はそぎ落とされている。その分，大会が華やかな場となり，会場は紅白の幕や照明灯で飾り付けられ，各町内や出場団体は衣装に，演技にと精力を注ぐ。

　大会が観光資源，換言すれば観光関連産業に利益をもたらす集客装置として十分に役割をはたしていたのは，10万人規模の観光客を迎え入れていた1980年代半ばごろまでであろう[32]。現在は2日間合わせて約4万人と推計されており[33]，直接的な集客効果は衰えた。参加者の意識も地元志向が強く，無形民俗文化財としての鶴崎踊の保存・継承・普及のための場として重視されるようになり，観光振興の手段と見る人は少数派といえる。こうして大会は，踊と衣装（異装・扮装）を競う遊びをともなった盆踊を受け継ぐための器へと変質した。

　大会の舞台裏では，実行委員として名を連ねるのは多くが男性であり，女性は運営の公的領域，意思決定や運営の中枢にはなかなか参画しえていない状況が垣間見られた。しかし，大会は踊り衣装に対する独自のこだわりが発揮される場であり，裁縫や和装の知識や技術を日常的に受け継いで来た女性たちのはたらきが不可欠であることがわかった。ただし，近年では日常や家庭において裁縫や和装が疎遠なものとなってきたため，暗黙のうちに母，娘，嫁といった立場で女性が従事し，伝えることを期待されてきたような生活文化（裁縫，和装もその一部である）が先細りし，鶴崎踊や大会のあり方にマイナスの影響を及ぼしかねない状況になっている。

　地域社会のみならず，家庭，経済活動（職場），行政，余暇活動の場などを含

む社会生活のほぼすべてにわたって，ジェンダーは関与している。地域伝統文化に関しては，男女の役割分業，権限の差，性別によるふさわしさ，美しさの体現といった形で表れる。鶴崎踊の場合，女性の踊り姿が前面に出されて尊重される一方，運営や準備における女性の存在やはたらきが反映されにくく（周縁化），見えにくい面がある（不可視化）。こうした女性の周縁化や不可視化を好ましくない価値観，あるいは女性に対する過小評価と受けとめ，地域活動や伝統行事から距離をとる場合も少なくないようだ。その距離感を縮め，参加を促すことが鶴崎踊の課題であるとしたら，それは一つの地域伝統芸能にとどまらず，より広い社会生活における女性の周縁化，不可視化をも視野に入れたうえで解決が図られなければならないだろう。観光と密接に関わりながら発展をとげてきた鶴崎踊は，現代に生きる伝統として私たちにそう語りかけている。

> ✪ **考えてみよう**
> 1. 観光資源として活用されている地域伝統芸能や行事には，本章でふれた以外にどのようなものがあるか調べてみよう。それらは新聞，旅行ガイド，ポスター，チラシ，インターネットなどではどのように紹介されているだろうか。メディアの違い，ジェンダーにまつわる表現に注意しながら整理してみよう。
> 2. 観光資源として活用されている地域伝統芸能や行事に参加している女性に，どのような役割を受け持っているか尋ねてみよう。また芸能や行事の楽しみ，気になっていること，仕事や日常生活との両立についても聞いてみよう。

[注]
1) 白幡洋三郎（1996），橋本裕之（2014）。
2) 鶴崎の歴史については主に大分市史編さん委員会編（1987）による。加藤清正は豊後国の大分郡（鶴崎を含む），海部郡，直入郡の一部を領有した。
3) 隔年で現在の北九州市小倉から出港したが，その際にも鶴崎に常備された船手が回

航した。
4) 鶴崎町は公的にはこの中に位置づけられていた。
5) 安部光五郎，加藤正人（1985）。『鶴崎夜話』は熊本藩時習館訓導，鶴崎定詰藩士の子弟教導方等を務めた儒学者脇蘭室（わきらんしつ）が鶴崎町の振興策について論じた書。
6) 安部・加藤（1985）。
7) 田辺尚雄（1912）。
8) 田辺尚雄（1953）。
9) 久邇宮良子女王の鶴崎踊台覧の経緯および台覧一周年記念踊前後の出来事については主に安部・加藤（1985）に基づいている。
10) 大分新聞 1923 年 5 月 23 日「丘を廻る桜花の衣裳に月の輪の鶴崎踊り」（安部・加藤，1985：141 に引用）。
11) 大分新聞 1924 年 5 月 12 日「鶴崎踊の踊子は女学校卒業者が多い」。
12) 大分新聞 1924 年 8 月 24 日「民衆芸術の粋　名物鶴崎踊」（安部・加藤，1985：156 に引用）。
13) 安部・加藤（1985）。
14) 安部・加藤（1985）。
15) 飯沼（1981）。
16) 大分合同新聞 2013 年 8 月 23 日（夕）「本場鶴崎踊大会と私」および保存会会員への聞き取りによる（2017 年 3 月）。
17)「ミス鶴崎おどり」については安部・加藤（1985）および大分市役所鶴崎支所に保管されている本事業実施当時の資料に基づく。
18) 男踊は企業研修などの需要に応えるために，最近では保存会の女性指導者によっても伝習されるようになった。
19)「平成 27 年度本場鶴崎踊大会実行委員会総会資料」および「平成 28 年度本場鶴崎踊大会実行委員会総会資料」。
20) 年度によって若干の変化はある。
21) 青年会，青年部は若長（会）と同義とされる。
22) 参加団体の配置，当日の場内整理などは若長が行う。その他，若長は各町内の事情に応じて大会にむけての準備を進める。
23) こうした伝統は鶴崎に限らず，近世から昭和初期を通じて全国に広くみられた。
24) 安部・加藤（1985）。
25) 大分新聞 1921 年 8 月 26 日「月下に描く踊の輪」，同 1922 年 9 月 15 日「鶴崎踊西町の賑ひ」。

26）鶴崎に生まれ育ち，地元で小学校教員を長く務めたBさん（1929年生，女性）への聞き取りより（2016年8月）。
27）鶴崎に生まれ育ち，結婚後も地元にくらし，菓子店を営む女性への聞き取りより（2016年8月）。
28）町内にもよるが，子育て世代の父親が組織的にこうした作業に駆り出されるケースは少ない。
29）中村ほか（1999）。鶴崎の場合，武将のいでたちなど男性の時代衣装については，男性が熱心に製作，知識・技術の伝承に携わっている。
30）こうした価値観や形式は戦後もたとえば，1953（昭和28）年全国郷土芸能大会出演時などにも典型的にみられた（安部・加藤，1985）。
31）ホブズボウム，レンジャー（1992）。
32）戦後最大の盛況と報じられた1960年の大会初日の観衆は約5万人。新聞報道を追うと年によって変動はあるが1970年代前半には2日間合せて10万人強という数字で落ち着いている。保存会発会60周年を祝った1984年には14万人の観客を迎えた（安部・加藤，1985）。
33）2016年，保存会事務局への聞き取りによる。

[引用・参考文献]
・安部光五郎，加藤正人（1985）『鶴崎おどり沿革史』，正調鶴崎おどり保存会．
・飯沼博士（1981）『大野川悠容と』，「大野川悠容と」刊行委員会．
・大分市史編さん委員会編（1987）『大分市史 中』，大分市．
・白幡洋三郎（1996）『旅行ノススメ—昭和が生んだ庶民の「新文化」』，中央公論社．
・田辺尚雄（1912）『家庭踊解説』，音楽と蓄音機社．
・田辺尚雄（1953）『音楽粋史続』，日本出版協同．
・中村紀和（2003）「祭礼と女性—小倉祇園太鼓におけるジェンダーをめぐる言説の変遷から」，歴史と民俗：神奈川大学日本常民文化研究論集（神奈川大学日本常民研究所編），19．
・中村ひろ子，倉石あつ子，浅野久枝，蓼沼康子，古家晴美編著（1999）『女の眼でみる民俗学』，高文研．
・長崎市（2015）『長崎市データブック2014』．
・橋本裕之（2014）『舞台の上の文化—まつり・民俗芸能・博物館』，追手門学院大学出版会．
・原 武史（2001）『可視化された帝国』，みすず書房．
・エリック・ホブズボウム，テレンス・レンジャー（1992）『創られた伝統』，紀伊國屋書店．

第7章 世界遺産富岡製糸場に関する女工の歴史
―何が見せられ，何が見せられていないのか

丸山奈穂

　「観光地」における女性の表象に関する過去の研究によれば，観光プロモーション等において，女性は男性目線からみた「女性らしさ」に基づいて表象されていることが多い。では，群馬県の富岡製糸場において「女工」の歴史はどのように展示されているのだろうか。富岡製糸場が世界遺産登録された理由の一つとして，創業当初フランス人技師ブリュナの指揮のもと，女性の労働環境が当時としては格段に優れていた点も考慮されたとされている。しかし，現在の富岡製糸場において女工の歴史に関する展示は少なく，またあったとしても「発展の担い手」としてのリアリティではなく，女性らしさを強調したアイコン（ゆるキャラや萌えキャラなど）を利用したファンタジーとして表象されている。このような女性の表象方法の背景にある意図はなんだろうか。また，本章では富岡製糸場を訪れる観光客も女工の歴史に対する関心が薄いことを明らかにしている。富岡製糸場を今後も観光地として持続させていくためにも，歴史の展示方法や見る側の意識を考えていく必要があるだろう。

1　はじめに

　群馬県富岡市にある富岡製糸場は1872年（明治5年）に日本発の本格的な器械製糸場として，また官営模範工場として創業した。1893年に民営化してからは幾度か経営母体や名称が変わったが，1987年まで一貫して製糸工場として操業を続けた。その富岡製糸場は，2014年6月21日に「富岡製糸場と絹産業遺産群」の名称のもと国内で18番目の世界遺産として登録が決定した。世界文化遺産の登録にあたっては六つの評価基準があり，そのうち一つ以上満たせば，登録基

準を満たすことになる（群馬県企画部世界遺産課，2014）。富岡製糸場の場合は「(ii) 建築，科学技術，記念碑，都市計画，景観設計の発展に重要な影響を与えた，ある期間にわたる価値観の交流またはある文化県内での価値観の交流を示すもの」および「(iv) 歴史上の重要な段階を物語る建造物，その集合体，科学技術の集合体，或いは景観を大行する顕著な見本であるもの」の二つの基準に当てはまる。富岡市の説明によれば，評価基準（ii）に関しては「高品質生糸の大量生産をめぐる日本と世界の相互交流」の価値が確認され，とくに，

　○明治政府による高品質生糸の大量生産のための近代西欧技術導入
　○日本国内での養蚕・製糸技術改良の促進
　○日本の高度な養蚕・製糸技術の海外移転による世界の絹産業の発展

の3点が挙げられている。また，評価基準（iv）に関しては「世界の絹産業の発展に重要な役割を果たした技術革新の主要舞台」であったことが認められ，

　○器械製糸から自動繰糸機での製糸技術の発達を伝える
　○革新的な養蚕技術の開発とその普及を伝える建築物・工作物の代表例

とされている（富岡市，2014）。

　富岡市が工場の立地として選ばれたのにはいくつか理由がある（遊子谷，2014）。まずはこの地域では原料となる繭の生産が盛んであったこと，製糸に必要な水と工場建設のための平地が確保できたこと，そして群馬県が利根川を使った水上交通の主要ルートであり，当時の積出港であった横浜へのアクセスがスムーズであったことなどが挙げられている。

　群馬県による富岡製糸場の世界遺産登録への取り組みは2003年に開始された（松浦，2016）。当初は，工場の建物が明治の創業当初のまま残っていることを知る人は少なく，地元民からの反応も薄かった。しかし，ユネスコの世界遺産委員会であるイコモスは当時新しい「世界遺産戦略」を打ち出していた。それまでの世界遺産は，古代と中世に偏っており，またピラミッドやベルサイユ宮殿のような芸術性や巨大性に重きが置かれていた。この偏りを是正するために，人類の歴史や失われた文化，文明の象徴など「一般的に見栄えのしない資産もその歴史的意義，代表制に寄って登録の対象にすべき」（松浦，2016：257）という流れが生まれていた。その点からいえば，富岡製糸場は，まさに日本の産業近代化の原点である。また，近年の世界遺産の傾向の一つにシリアルノミネーション（複数の

第 7 章　世界遺産富岡製糸場に関する女工の歴史 ——何が見せられ，何が見せられていないのか

　遺産を関連ある一つの群として一括推薦する方法）がある。この点においても，富岡製糸場やその周辺には，また明治期から昭和中期までの絹産業に関わる遺産が多く残されていた。

　松浦（2016）は，富岡製糸場の世界遺産としての価値は，従来の「見れば分かるもの」ではなく，「見て聴けば分かる」もの，要するに解説されて初めてわかるものであると述べている。言い換えれば，その遺産がもつ歴史的な物語をどう編成するのか，遺産がどんな歴史をどう代表するのを分かり易く明記する必要がある。

　その富岡製糸場が代表する，しかし見ただけでは分からない歴史的な物語の一つには，そこで働いていた女工の歴史が含まれるだろう。遊子谷（2014）によると，富岡製糸場が世界遺産として登録勧告を受けたのは，創業時の工場長であるフランス人技師のブリュナの指揮のもと，女性の労働環境が当時としては格段に優れていた点も考慮されたと述べている。製糸・紡績工場などの女工というとまず思い浮かぶのは「ああ，野麦峠」「女工哀史」などに描かれているような過酷な条件下での女性の労働だが，富岡製糸場，とくに初期の段階においては労働時間が 1 日 8 時間程度であり，休日も保障されていた（高瀬，2014）。また，製糸場のなかには診療所，寄宿舎，学校などもあり，富岡製糸場がいわゆる「ブラック企業」ではなく「超ホワイト企業」であったとされる。当時の様子は初期の女工の一人であった和田　英によって書かれた「富岡日記」でうかがい知ることができる。では，現在の富岡製糸場において，このような「女性労働者の歴史」がどのように観光客にむけてみせられているのだろうか。

　「観光地」における女性の表象に関する過去の研究によれば，観光プロモーション等において，女性は男性目線からみた「女性らしさ」に基づいて表象されていることが多い。Kinnard ら（1994）や Swain（1995）が述べているように，観光プロモーションで使われている女性表象の手法や傾向は実際の社会における不平等や権力の不均衡の問題を映し出しているのかもしれない。しかし，多くの場合観光客はその表象の不均衡性に気づくことなく，観光地のイメージを描くのである。本章では，富岡製糸所において女工の歴史がどのように表象されているのか，また観光客は何を求めて富岡製糸場に訪れるのかについて論じる。

2 観光プロモーションと女性の表象

　観光地や観光メディアにおいて,「女性」や「女性の歴史」はどのように観光客に見せられてきたのだろうか。この点においてまず思い浮かぶのが,歴史上偉大な功績を残したはずの女性の銅像や女性の歴史に関わる展示物の少なさであろう。例えば,イギリスでは公共の場にある 925 体の銅像のうち,女性の銅像は 158 個のみである（Criado-Perez, 2016）。同様に,ニューヨークでは何百体に及ぶ銅像が展示されているが,そのうち女性のものは 5 個のみであり,セントラルパークのなかには一つもない（Capps, 2016）。日本国内における女性の銅像の正確な数は不明だが,観光地のシンボルとなっている男性の銅像を思い浮かべるのは難しくなくても（例えば東京・上野の西郷隆盛像,高知・桂浜の坂本竜馬像,北海道大学のクラーク博士像）,女性となるとほとんど思いつかないことから,その数は極めて少ないと思われる。

　また,女性のイメージが使われている場合,社会が好ましいとする女性像（若い,容姿端麗,セクシー,控えめ等）が使われていることが多いといわれている（Goffman, 1979）。さらに,この「好ましい」というのは,男性からみた好ましさであるとも述べている。例えば,多くの広告では女性の体のサイズ（身長など）は男性より小さく表されている。これは,単なる体のサイズを表すだけではなく,男性に対する女性の従属的な立場を示しているといわれている。また,同様に広告では男性が場をリードするエグゼクティブな立場にあり,女性は控えめなポジションに描かれていることが多い。要するに,観光マーケティングを含むメディアで描かれる女性のイメージは男性が女性に対して抱く「ファンタジー」を具象化したものであり,男性目線を優遇するものが多いと述べている（Morgan & Pritchard, 1998）。実際に,Sirakaya & Sonmez（2000）がアメリカで使われている観光パンフレットやガイドブック,カレンダーなどを調査したところ,ほとんどの写真で男性のほうが女性より背が高かった。また,男性より女性のほうが何かの「世話をしている人」として描かれている写真が多い。男性が女性や子供をリードしたり力仕事を手伝う役目として写っていると同時に,女性は男性を頼っていたり,男性より多く微笑んでいる場面が使われていた。Enloe（1989）は,

第7章　世界遺産富岡製糸場に関する女工の歴史 ——何が見せられ，何が見せられていないのか

このように女性のセクシャルもしくはエキゾチックな部分を観光マーケティングに多用することは，ステレオタイプや性別階層の再強調につながる可能性があると述べている。

3　富岡製糸場における「女工の歴史」の表象

　では富岡製糸場がどのように観光客に対して表象されているのか，みてみよう。富岡製糸場を訪れるには，自家用車もしくは，高崎駅から上信電鉄を使うのが一般的である。上信電鉄の高崎駅ホームには「富岡しるく」というキャラクターを使った看板やポスターが多く見られる。このキャラクターは株式会社トミーテックによってデザインされた，「鉄道むすめ～制服コレクション～」という鉄道事業者の制服を着た美少女キャラクターコンテンツの一環である。このシリーズは各キャラクターが「鬼怒川みやび」「朝倉ちはや」「嵯峨ほづき」など駅名を元にした名前をもっており，各路線の特徴に準じた趣味や特技を持つ。例えば，「鬼怒川みやび」は温泉好きできれいな肌が自慢であり，泉質を調べるのが趣味で，嵯峨ほづきは「和小物の収集が趣味」という具合である（株式会社トミーテックHP より）。「富岡しるく」は，「富岡製糸場に関してはすごく詳しく」また，「まだ新人なので駅業務から，地域の観光スポットの事まで，即座にご案内が出来る様に勉強中」ということになっている。

　また，富岡市では独自に「おとみちゃん」というイメージキャラクター，いわゆる「ゆるキャラ」を市のアイコンとして採用している。実際に上州富岡駅で下車して富岡製糸場まで歩く道のりには，おとみちゃんを使った商品を数多く見かける。このおとみちゃんは，富岡製糸場の女工をあしらったもので，羽織をきた女性がモチーフとなっている。富岡市の HP によれば，このおとみちゃんの仕事は「とみおかをもっと元気にすること，とみおかの魅力を全国に PR すること」であり，性格は「優しくおしとやか」と説明がなされている。

　しかし，いったん富岡製糸場の内部に入ると，説明や展示はかなりテクニカルなものに限定されている。当時使っていた繰糸場，繭置所などは実際に工場内にはいって見学をすることができ，当時の技術についての説明がなされている。ま

た，レンガ造りに関する説明や，なぜ富岡に製糸工場が作られたかの説明も丁寧になされる。一方，当時女工がどこから来たか，どのように集められたかの説明はなされるが，実際の女工の暮らしに関する展示はかなり少ないといえよう。例えば，当時実際に使われていた宿舎はその外観しかみることができない。これらのことから，富岡製糸場における女性の歴史は，「リアリティ」ではなく「アイコン」もしくは「ファンタジー」として表象されているといえるのではないだろうか。

それに加えて，「富岡しるく」や「おとみちゃん」の外見やそのキャラクター設定から，これらアイコンは「男性の目線」に応えていると考えられる（Goffman, 1979；Sirakaya & Sonmez, 2000）。例えば，「おとみちゃん」の性格として「やさしくおしとやか」とされており，仕事は「富岡を元気にすること」とされている。同様に「富岡しるく」の立場は「新人」であり「勉強中」ということになっている。これらの特徴は，Sirakaya & Sonmez や Goffman が述べた「控えめ」で「従属的」，「人の世話をする」役目として表されているといえよう。

井手口（2009）は，ゆるキャラやアニメキャラクターを使用した町おこしを「萌えおこし」（萌える感情を利用した地域振興）と呼んでいる。井手口によると，「萌え」の対象は漫画やアニメなど娯楽的要素の強いコンテンツの形で主にメディア産業に寄って生み出されてきたが，「萌えおこし」に関しては「地域振興を図ろうとする主体が萌えの対象を能動的に生み出す」こともあり，この場合は萌えの対象は既成のものではなく「オリジナルキャラ」の体裁をとるとしている（井手口，2009：9）。富岡の二つのアイコン，とくに「おとみちゃん」はこの定義に当てはなるといえよう。井手口によれば，「萌える」主体は女性ももちろん含むが，やはり男性が多い。

さらに井出口（2009）によれば，その「萌える」対象は，例え「まちおこし」のために創造されたとしても，いわゆるオタク系文化のなかで，セクシャルな内容を含む「パロディ」として再構成される可能性があるという。こうなると地域住民による嫌悪感につながると共に，歴史の商品化の好まざる例（Maskell, 2002）となってしまう可能性がある。実際に，前述の「富岡日記」のポップが群馬出身の漫画家，井田ヒロト氏によって描かれている。そのポップは，和田 英をモデルにしたと思われる女工数名と，その当時の女工たちの寄宿生活を想像し

て「萌え死ぬ！」と叫ぶ現代の男子高校生という構図になっている。このポップが必ずしも批判に値するものではないが，ここにも「男性から見た女性性」が強く反映されているといえよう。

4　世界遺産登録と政治的意図

　女工に関する展示の少なさや表象方法の偏りに加えて，富岡製糸場は当時モデル工場であり女性の労働条件は恵まれていた，とされていることに関しても，考えるべき点がある。前述のように，富岡製糸場の労働条件は，1日8時間程度であり，休日も保障されていた。また，当時の富岡製糸場の女工は士族出身で良家の娘が多く，富岡製糸場で技術を学んだ工女は後に地元の工場で指導者的な立場につくことができたことなどから，工場でありながら伝習機関的な意味合いもあったといわれている（遊子谷，2014）。これは，細井和喜蔵の「女工哀史」や山本茂実の「ああ，野麦峠」に描かれた，農村出身で身売り同然にして工場まで連れて来られ，過酷な労働条件の下で肺結核などの病に倒れていったとされる女工に比べると格段に恵まれた労働条件であるといえよう。

　しかし，このような恵まれた労働環境は，富岡製糸場初期の官営時代に限られていたとされる記録がある（高瀬，2014）。1893年に民営化されてからは，労働時間も長くなり休日も月に一度程度に減り，過酷な労働がもとで命を落とす女性も少なくなかったという。富岡製糸場周辺で幼少期を過ごしている高瀬（2014：69）は，民営化され原合名会社の経営のもと「原富岡製糸所」といわれていた当時の様子を以下のように述べている。

　　　冬の朝など私達がまだ寝ている暗いうちに，製糸場へ通う通勤女工が，凍てついた道路にならす下駄の音が聞こえたものだった。また，寄宿舎にいる工女が，構内の貯水池に身を投げて死んだとか，工場のすぐ下を流れている鏑川に投身自殺をしたとかいううわさを聞いたりしたものだった。

　これに対して，遊子谷（2014）や今井（2014）は，確かに民営化後は官営時代

より労働時間が長くなったが，当時の女性の一般的な待遇（農業や家事従事者）に比較するときちんと賃金も支払われており，女工イコール「女工哀史」というステレオタイプ的な見方は正しくないと反論している。いずれにしても，富岡製糸場が官営だったのはわずか10年余りであったのに対し，その後民営時代は90年余り続いている。それにも関わらず，工女たちの労働条件が「模範的」だったとされる短い期間の労働環境が国際的な「公式記録」として残されていることになる。

Timothy & Boyd（2003）は「遺産」とは「選択的」（Selective）なものだと述べている。一つの「遺産」にまつわる歴史やストーリー，その意味や価値は一つではなく，多岐にわたる。それゆえに，どの時代のどの側面を，または誰のストーリーを表象するのか，様ざまな選択がなされる。同様に松浦（2016）も近年の世界遺産登録に関しては，遺産がもつ歴史をどのように編成するかが大きな意味を持つと述べている。そして，何を選択し何を選択しないか，どのように編成するかの決定は，その選択・編成が行われている時代の権力やイデオロギーを反映する（Timothy & Boyd, 2003）。これらの点から考えると，富岡製糸場の世界遺産登録に当たって，90年を超える長い民営時代の歴史には触れず，10年余りの短い期間の女性の労働環境が富岡製糸場にまつわる「物語」として選択され表象されていることに関していくつかの読み解きが可能になる。まずは，前述のように富岡製糸場は「科学技術の発展に影響を与えた価値観の交流」という登録条件に当てはまるという理由で世界遺産登録がなされている（松浦, 2016）。これは分かり易くいえば，当時富岡製糸場での技術改革に伴って日本国内の製糸技術が飛躍的に向上し，そこで生み出された製品がイギリスやフランスに輸出され欧米の織物業の発展を支えたことだとされている（遊子谷, 2014）。しかし，そのような発展が実は女性の過酷な労働によって支えられていたことを前面に打ち出すことは，「世界遺産」として登録を進めるにはマイナスポイントになると考えられたのかもしれない。また，現在における女性の人権擁護に関するイデオロギーに照らし合わせれば，女性の過酷な労働はむしろ「負の側面」と考えられる可能性がある。鈴木（2010）は，世界遺産登録は観光地としてのブランド力を飛躍的に高める効果があるため，その登録を巡る動きの中には政治的意図が含まれてしまうと述べている。だとすれば，世界遺産としての登録

を目標とした工女の描写には特定の意図があったことが考えられよう。因みに，高瀬（2014）が「日本資本主義の人柱」と表現する，富岡製糸場で亡くなった女性のお墓がある龍光寺（富岡市）は「富岡製糸場と絹産業遺産群」の一部にはなっていない。

5　観光客からみた「富岡製糸場」

　では，富岡製糸場を訪れる観光客は何を求めて来場し，どんな点に満足するのだろうか。過去の研究（Kim et al., 2006；Meng & Uysal, 2008）によれば，観光客の動機や情報検索行動，好み，訪れる先の地域のイメージ，観光地の特性の受け取り方や価値の付け方に関して男女間の違いがあるとされている。しかし，Jönsson & Devonish（2008）の研究では，カリブ地域への観光客の間で男女間の動機の違いはなかった。しかし，類似の研究は，日本国内では数が少ない。そこで本章の筆者は，富岡製糸場を訪れた観光客297名（男性159名，女性124名，性別無記入14名）を対象にアンケート調査を実施し，訪れた動機，感想，および再来訪意向を「まったく当てはまらない」から「非常に当てはまる」の5段階評価で答えてもらった。回答者の属性は表7-1にまとめた。各部門の質問項目は以下のとおりである。これらの項目はBryce et al.（2015）およびRamkissoon & Uysal（2010）を参考にしている。

〇今回富岡製糸場に来たいと思った理由はなんですか。
1. 新しい場所や物事を見つけたかった
2. 知識を増やしたかった
3. 歴史的に魅力のある場所に行きたかった
4. 世界遺産に行きたかった
5. 歴史に興味がある
6. 製糸工場における女性労働者の歴史に興味がある

〇富岡製糸場を訪れてみてどのように感じましたか。

表 7-1　回答者の属性

	男性	女性
年齢		
平均	45 歳	39 歳
婚姻		
未婚	56 人	55 人
既婚	101 人	62 人
離婚，死別	2 人	6 人
学歴		
中学校	6 人	1 人
高校	38 人	33 人
高専もしくは専門学校	19 人	19 人
短大	7 人	16 人
四年制大学	77 人	46 人
大学院	12 人	8 人
収入		
¥2,000,000 以下	24 人	35 人
¥2,000,000 〜 ¥4,000,000	41 人	36 人
¥4,000,000 〜 ¥6,000,000	37 人	12 人
¥6,000,000 〜 ¥8,000,000	23 人	14 人
¥8,000,000 以上	28 人	13 人
出身地		
富岡市	1 人	2 人
富岡市以外の群馬県内	12 人	12 人
群馬県以外	145 人	109 人

1. 建物の全体的な構造や印象から刺激を受けた
2. 富岡製糸場に関する情報を見つけて，興味がわいた
3. 富岡製糸場は「本物」であり，後から作られたものではないと感じた
4. 富岡製糸場には記録として残されている歴史があることを知った
5. 富岡製糸場は近代産業の歴史を象徴していると感じた
6. 富岡製糸場は女性労働者の歴史を象徴していると感じた
7. この遺産が生まれた時代に関する深い見識を得ることができた
8. 富岡製糸場にいる間，関連する歴史やレジェンドと自分が結びついているように感じた

9. 自分が人類の歴史や文明と結びついているように感じた

〇また富岡製糸場を訪れたい，または他の人に勧めたいと思いますか。
  1. また富岡製糸場に来たい
  2. 友達や親戚に富岡製糸場を勧めたい

　すべての項目の平均値を男女間で比較したが，スコア間に有意な差がある項目はなかった。全体で見たとき，「世界遺産に行きたかった」のスコアが最も高かったのに対し，「製糸工場における女性労働者の歴史に興味がある」のスコアが最も低かった。これは，鈴木（2010）が言うように，世界遺産となったことで富岡製糸場のブランド力があがり観光動機につながっているが，実際には世界遺産登録にいたる大きな理由の一つである「女性のかつての労働環境」への興味はさほど上がっていないといえるかもしれない。

6　まとめ

　富岡製糸場における女工の歴史の表象方法は，Sirakaya & Sonmez（2000）の研究が示したような，あからさまにセクシャリティを出したものではない。逆にどちらかというと，イギリスやニューヨークにおける銅像のように表象がなされていない例であるかもしれない。しかし，製糸場の外部では，男性目線に基づいたアイコンが複数使われていること，そして世界遺産の登録に当たって特定の時代のみの女性の労働環境を強調したことなどを考えると，Goffman（1979）が述べたように，性別の不均衡が観光によって具象化された一例だということができるのではないだろうか。また，観光客側の見方では，世界遺産としての富岡製糸場に興味はあっても，そこでかつて働いていた女工の歴史に興味を持って訪れる観光客が少ないことも分かった。富岡製糸場を持続可能な観光地として持続させていくためにも，歴史の展示方法や見る側の意識も含めて考えていく必要があるだろう。

> ★ **考えてみよう**
> 1. 日本国内外で歴史上著名な女性にまつわるもの（銅像，生家など）が観光客向けに展示されている場所を調べよう。また，どのように展示されているか，いつどのようにその展示が始まったか調べてみよう。
> 2. 観光パンフレットやインターネットの旅行情報サイトなどで，男性目線もしくは女性目線で作られていると思うもの（ページ）を探してみよう。またどういった点で「男性目線」（もしくは「女性目線」）だと思うか話し合ってみよう。
> 3. 歴史上の著名な女性を一人挙げ，自分ならその人のストーリーをどのように観光客に見せるか，誰をターゲットにするか等考えてみよう。同時に，その展示・表象方法に対して，考えられる反対意見，それは誰から出るかなどを考えてみよう。

[引用・参考文献]
- 井手口彰典（2009）「萌える地域振興の行方」，地域総合研究，37（1），57-69.
- 今井幹夫（2014）『富岡製糸場と絹産業遺産群』，KK ベストセラーズ.
- 群馬県企画部世界遺産課（2014）「世界遺産の登録基準」．2017 年 3 月 30 日参照，http://worldheritage.pref.gunma.jp/ja/wh-Rg/
- 鈴木晃志郎（2010）「ポリティクスとしての世界遺産」，観光科学研究，3，57-69.
- 高瀬豊二（2014）『異郷に散った若い命：官営富岡製糸所女工の墓』，オリオン舎.
- 富岡市（2014）「富岡製糸場と絹遺産群」．2017 年 3 月 30 日参照，http://www.tomioka-silk.jp/tomioka-silk-mill/
- 松浦利隆（2016）「富岡製糸場と絹産業遺産群―世界遺産登録までの道のり」，『富岡製糸場と群馬の蚕糸業』高崎経済大学地域科学研究所編所収，日本経済評論社，255-272.
- 遊子谷 玲（2014）『世界遺産富岡製糸場』，勁草書房.
- Bryce, D., Curran, R., O'Gorman, K., & Taheri, B. (2015). Visitors' engagement and authenticity: Japanese heritage consumption. *Tourism management*, 46, 571-581.
- Capps, K. (2016). The gender gap in public sculpture: There is almost no public art commenmorating history-making women in America. *The Atlantic City Lab Special Report*. Retrieved from http://www.citylab.com/design/2016/02/the-gender-gap-in-public-sculpture/463170/

- Crido-Perez, C. (2016). I sorted the UK's statues by gender - a mere 2.7 percent are of historical, non-royal women. *New Statesman*. Retrieved from http://www.newstatesman.com/politics/feminism/2016/03/i-sorted-uk-s-statues-gender-mere-27-cent-are-historical-non-royal-women
- Enloe, C. (1989). *Bananas, beaches and bases*. London: Pandora Press.
- Goffman, E. (1979). *Gender advertisements*. London: Macmillan.
- Jönsson, C., & Devonish, D. (2008). Does nationality, gender, and age affect travel motivation? A case of visitors to the Caribbean Island of Barbados. *Journal of Travel & Tourism Marketing*, *25*(3-4), 398-408.
- Kim, D.-Y., Lehto, X. Y., & Morrison, A.M. (2007). Gender differences in online travel information search: Implications for marketing communications on the internet. *Tourism management, 28*(2), 423-433.
- Kinnaird, V., Kothari, U., & Hall, D. (1994). Tourism: gender perspectives. *Tourism: a gender analysis*, 1-34.
- Meng, F., & Uysal, M. (2008). Effects of gender differences on perceptions of destination attributes, motivations, and travel values: An examination of a nature-based resort destination. *Journal of Sustainable Tourism, 16*(4), 445-466.
- Meskell, L. (2002). Negative heritage and past mastering in archaeology. *Anthropological quarterly, 75*(3), 557-574.
- Morgan, N., & Pritchard, A. (1998). *Tourism promotion and power: Creating images, creating identities*: John Wiley & Sons Ltd.
- Ramkissoon, H., & Uysal, M. (2010). Testing the role of authenticity in cultural tourism consumption: A case of Mauritius. *Tourism Analysis, 15*(5), 571-583.
- Sirakaya, E., & Sonmez, S. (2000). Gender images in state tourism brochures: An overlooked area in socially responsible tourism marketing. *Journal of Travel Research, 38*(4), 353-362.
- Swain, M.B. (1995). Gender in tourism. *Annals of tourism research, 22*(2), 247-266.
- Timothy, D. J., & Boyd, S.W. (2003). *Heritage tourism*. Harlow, England: Pearson Education.

第8章

宿泊業を担う女性
―旅館におけるサービスの担い手とは

加藤佳奈

　旅行者が旅館に到着すると，玄関で女将と仲居の出迎えを受ける。フロントでチェックインを済ませると，仲居が旅行かばんを持ち，客室まで案内する。客室に到着すると，彼女らが緑茶や菓子を準備し，旅館の歴史や館内の設備を説明する。夕食と朝食の際には，同様の仲居が配膳を担当し，個別化された細やかなサービスを提供する。

　読者は，このような日本旅館に宿泊した経験はあるだろうか。宿泊経験はなくとも，雑誌やテレビで旅館の特集を目にしたことはあるだろう。上述のとおり，我が国の宿泊業の中でも，とくに旅館においては女将と仲居という女性の働き手が活躍している。

　では，現代の旅館はどのように発達してきたのだろうか。本章では，旅館が成立した背景を辿り，そのサービスの重要な役割を担うようになった女将と仲居の背景や女性の働き手を支援する仕組みについて考えてみよう。

1　はじめに

● 旅館のサービス

　旅館で提供されるサービスと聞いて，どのようなサービスをイメージするだろう。近年では，熊本県・黒川温泉の小規模な旅館で提供されるような親しみ深いサービスを思い描く人もいるだろう。一方，従来の旅館のイメージといえば，豪華絢爛かつ大規模な旅館で提供される女将と仲居による手厚いサービスであった。例えば，冒頭で述べたような玄関での出迎えと見送り，茶菓子の提供，女将の挨拶，食事の配膳などである。このようなサービスを提供する従来の旅館は，

日本の伝統的な旅館として一般的に認識されているが，一体どのように発達してきたのだろうか。その過程において女将や仲居のサービスは，どのようにして現代のスタイルになったのか。本章は宿泊業を担う女性たちをテーマに，これらの問いにについて考えていく。

ここまで何度か登場しているサービスという概念について説明しておこう。サービスとは，無形性を伴う一連の経済活動（プロセス）である。日本では，しばしばサービスというと「無料」や「おまけ」と認識されることがあるが，本章は支払いの対価として提供される前者の意味合いで用いている。

● 本章のねらい

本章では，旅館において重要な役割を担う女将と仲居の背景や女性の働き手を支援する仕組みについて考えていく。最初に，本章の対象である旅館という概念について確認したうえで，旅館やホテルを含む宿泊業の現状について述べる。つぎに，日本独自の宿泊形態である旅館が，どのように成立し，変化を遂げてきたのかを説明する。現代の旅館において，女将と仲居という女性の働き手が重要な役割を担ってきた。そこで，女性の働き手を支える仕組みを取り入れている例として，和倉温泉加賀屋を取り上げ，サービスにおける従業員と顧客の満足の関係について考えてみよう。最後に，現代の旅館の課題についてふれる。

2　旅館業の現状

● 旅館とは

まずは旅館とは何かという点について整理しておこう。旅館といえば，一般的に日本の伝統的な宿泊施設として理解されており，英語でも"traditional Japanese inn"といったように表記される。ここでは，より正確に概念を把握するために，法律上の意味を確認する。旅館は，旅館業法（1948年制定）という我が国の法律で規定されている。この法律において，旅館業は「宿泊料を受けて人を宿泊させる営業」と定義されており，営業形態によって以下の四つの種類に分類されている（厚生労働省ホームページ）[2]。

第 8 章　宿泊業を担う女性——旅館におけるサービスの担い手とは

（1）ホテル営業：洋式の構造及び設備を主とする施設を設けて宿泊させる営業
（2）旅館営業：和式の構造及び設備を主とする施設を設けて宿泊させる営業
（3）簡易宿所営業：多数人で共用する構造及び設備を設けて宿泊させる営業[1)]
（4）下宿営業：1か月以上の期間を単位として宿泊させる営業

　つまり，旅館とは和式の構造及び設備を主とする宿泊施設であるといえる。同様に解釈すれば，ホテルは洋式の構造及び設備を主とする宿泊施設である。
　次に，旅館業法における主な旅館営業の構造設備基準をみてみよう（表 8-1）[3)]。このように，旅館とホテルを区別する法律上の基準は存在するが，和式と洋式という点以外に大きな差異はない。日本では宿泊施設の名称について法的な規制がないため，旅館業法における旅館営業の区分でありながら「○○ホテル」という名称で営業することが可能となっており，旅館とホテルの区別は曖昧になっている。
　一方で，旅館とホテルは，サービスの特徴が異なっており，顧客の視点では区別されている。顧客が旅館とホテルを訪れる際に体験するサービスを比較して考えてみよう。建物や客室，浴室（風呂），備品・調度品等については，旅館は和

表 8-1　旅館業法における主な旅館営業の構造設備基準

	ホテル営業	旅館営業	簡易宿所営業
客室数	10 室以上	5 室以上	規制なし
客室床面積	9 m² 以上／室	7 m² 以上／室	延床面積 33 m² 以上（宿泊者の数を 10 人未満とする場合には，3.3 m² に当該宿泊者の数を乗じて得た面積以上）
玄関帳場（フロント）	宿泊しようとする者との面接に適する玄関帳場（フロント）その他これに類する設備を有すること	規制なし（国の法令上の規制はないが，条例で基準化しているケースがある）
入浴設備	宿泊者の需要を満たすことができる適当な数の洋式浴室又はシャワー室を有すること	当該施設に近接して公衆浴場がある等入浴に支障をきたさないと認められる場合を除き，宿泊者の需要を満たすことができる適当な規模の入浴設備を有すること
換気等	適当な換気，採光，照明，防湿及び排水の設備を有すること
その他	都道府県（保健所を設置する市又は特別区にあっては，市又は特別区）が条例で定める構造設備の基準に適合すること

（厚生労働省 2016，p.7 を基に筆者作成）

式の構造・設備を，ホテルは洋式（欧米式）の構造・設備を設けている。宿泊料金については，旅館は1泊2食付きの料金が，ホテルでは客室料金（泊食分離）が一般的である。また，スタッフ（サービス提供者）については，旅館では主に女将と仲居という和服を着用した女性スタッフが客室や食事処での世話を含む手厚いサービスを提供し，ホテルではスーツ等の洋服を着用したスタッフが顧客と一定の距離を保ちつつサービスを提供している。本章では，「宿泊業を担う女性」というテーマに沿って，主に女将と仲居という女性の働き手に支えられてきた従来の旅館を対象に議論を進めていく。

● 旅館業の動向

『レジャー白書』によれば，2015年における我が国の宿泊業全体の市場規模は3兆1580億円である。このうち旅館業の市場規模は1兆4430億円で，ピーク時の1991年の3兆5020億円と比較すると大幅に縮小している。つぎに，旅館業法による四つの宿泊業の施設数をみると，2015年度末における旅館の軒数は40,661軒，ホテルは9,967軒であった。図8-1では2005年から2015年の宿泊業における施設数の推移を示しており，この期間中にホテルは徐々に増加しているが，旅館は年々減少していることがわかる。さらに客室数では，ホテルは698,378室から846,332室へ約20％増加したが，旅館は850,071室から701,656室へ約17％減少し，2009年にはホテルの客室数が旅館のそれを上回った（図8-2）。以上のことから，宿泊業において旅館業は減少傾向にあることがわかる。

一方，旅館は依然として旅行者が選ぶ主な宿泊施設の一つである。とりわけ，インバウンド振興を促進する我が国において，旅館は日本独自の宿泊施設として期待されている。日本政策投資銀行・日本交通公社の『アジア8地域・訪日外国人旅行者の意向調査（平成27年版）』によれば，日本を旅行する際に宿泊したい施設として訪日希望者のうち73％が日本旅館を挙げている。また，訪日経験者の53％が実際に日本旅館に宿泊している。このように，旅館業は減少傾向ではあるが，今後の観光産業において重要であるといえよう。

第 8 章　宿泊業を担う女性—旅館におけるサービスの担い手とは

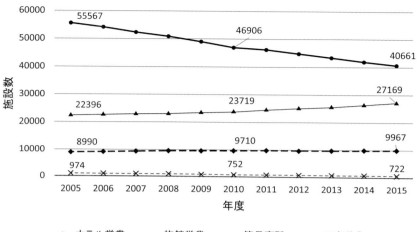

図 8-1　宿泊施設数の推移（2005 〜 2015 年）
（厚生労働省『衛生行政報告例』各年版を基に筆者作成）

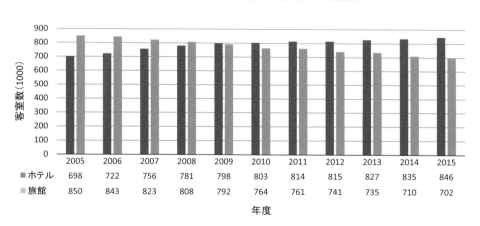

図 8-2　旅館とホテルの客室数の推移（2005 〜 2015 年）
（厚生労働省『衛生行政報告例』各年版を基に筆者作成）

第二部　観光地を担う女性たち

3　旅館の成立

● 日本における旅の歴史

　現代の旅館の成立について説明する前に，日本の旅の歴史を重松（1977）に基づいて振り返っておこう。旅とは人々の移動を伴うもので，世界的に長い歴史がある。奈良時代以前の旅は，主に軍隊の旅行であり，旅行者は武器を持参して自らの安全を保障しており，旅行者の安全を保障する国の制度はなかった。日本が国として旅行者の安全を保障する制度を整えたのは，大化の改新以後であるという。中央集権国家を組織するため，各地に通信や物流を担う駅が配置された。駅には旅人が宿泊する施設が存在したとされている。

　奈良時代以降，国家統治の実現にむけて駅路（道），駅舎（宿），橋，渡船が整備され，役人だけではなく庶民の旅の安全性・利便性が拡大した。年貢の運び手を世話する布施屋など，現代の旅館に通ずる宿も発達した。

　鎌倉時代，宿駅は繁栄の時代を迎えた。当時の幕府の事業をまとめた歴史書『吾妻鏡』には，宿駅が休憩・宿泊の機能の他，人馬の供給，遊興機関を設けるなど，盛況であった例が確認されている。

　一方，室町時代になると，交通の要所に関所を置いて関銭を徴収する制度が導入されたことで，庶民の旅は困難となった。戦国時代には各地大名が各地に配置した馬で物資や使者を運ぶ伝馬制と呼ばれる交通制度を導入し，東海道周辺における旧来の宿駅が伝馬宿として機能していた。重松氏によると，この伝馬制が江戸幕府における旅の制度の由来である。

　江戸時代になると，幕府は東海道を巡視するための伝馬を設ける宿駅を定め，国家統治を強化した。この時代に新たに設けられた宿駅には，箱根や川崎，吉原などがある。三代将軍家光の時代には，参勤交代制度が確立され，諸大名が両国と江戸を行き来したため，いわゆる五街道のみならず全国的に交通網が整備された。諸大名の一行は，幕府の役人と異なり，人馬の使用料や宿賃を支払ったため，宿駅は大いに繁盛した。交通網と商工業の発達に伴い，庶民の移動も活発になり，宿駅は一層発展した。なお，江戸時代には参勤交代制度において諸大名が宿泊した本陣と呼ばれる宿泊形態と，古くから存在する旅籠屋と木賃宿が一層と盛ん

になった。これらの宿泊形態は，旅館の成立に大きく影響することになったのである。

◉ 旅館に影響を与えた施設

ここまで日本における旅の歴史と各種の宿の発展について概観してきた。以下では，日本独自の宿泊形態である旅館が，どのように成立し，変化を遂げてきたのかを説明していく。はじめに述べたように，しばしば旅館は日本の伝統的な宿泊施設（traditional Japanese inn）と表現されるが，実は近代の旅館が成立したのは，明治時代頃であることがわかってきた。

大久保（2002a，2002b，2013）の研究では，現代の旅館に含まれる機能が江戸時代の様々な宿泊形態で発達した機能を統合して確立されたと説明している（図8-3）。著者は，先行研究の整理を通じて現代の旅館を条件づける主な機能を，宿泊機能，飲食機能，入浴機能，接遇機能の四つに分類した。宿泊機能とは，旅館業の主な機能であるとともに，旅館の構造上の特徴として，格式高い設備（門・玄関・床の間など）である。飲食機能は，主に現代の旅館の一般的な食事形態である1泊2食の提供（夕・朝）である。入浴機能とは，温泉の内風呂である。接遇機能とは，女性による接遇（もてなし）である。

これらの四つの機能の起源となる近代の宿泊形態には，本陣，旅籠，飯盛旅籠，湯治場宿，そして宿には分類されないが茶屋・料亭が挙げられている。以下では当該研究と重松（1977）をもとに，旅館に影響を与えた宿泊施設について記述していく。

江戸時代には政治の長期的な安定，参勤交代制度，交通網や商工業の発達に伴い，役人や大名だけではなく庶民の移動も活発になり，宿駅は大いに繁栄した。一方で，幕府の政治的な意図において，宿には立地や料金，用途，人員などについて細かな規制が定められていた。

本陣は，江戸時代の参勤交代制度において大名が多数の家臣や従者と共に滞在した特別な建物・設備を持った宿泊形態である。つまり，高貴な人を宿泊させることを目的とした特殊な宿であり，門や玄関など格式高い設備を備えていた。一方，本陣は大名への食事や接遇の機能は持たず，あくまで宿泊機能を提供していた。

第二部　観光地を担う女性たち

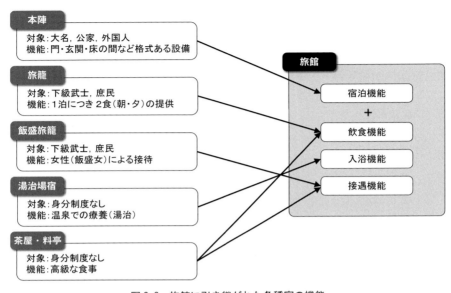

図 8-3　旅館に引き継がれた各種宿の機能
（大久保，2002a：43，大久保 2013：17 を編集して筆者作成）

　旅籠は，下級武士や庶民を対象とする宿泊施設である。旅籠の名の由来は諸説あるとされるが，食料を入れる籠を意味している。古来の旅籠では宿泊者が自炊していたが，江戸時代になると宿泊だけではなく 1 泊 2 食の食事を提供するようになった。同じく江戸時代に，酒席の接待や客引きをする「飯盛女」と呼ばれる給仕係を抱える飯盛旅籠が出現した。

　旅館における入浴機能の背景には，湯治場宿が挙げられる。平安時代に始まった湯治は，本来は長期滞在の療養行為であり，湯治場宿は療養を目的として身分に関係なく安価に長期滞在できる宿泊形態であった。

● 旅館の誕生

　近代の旅館は，江戸幕府による宿に対する規制が明治維新後に廃止され，既述の多様な宿泊施設の機能が統合されたことで誕生した。江戸時代における参勤交代など人々の往来を支えた街道沿いの本陣と旅籠は，現代の旅館に最も類似する宿泊形態であると一般的に認識されている。先述のとおり，旅籠では当

時から宿泊機能だけではなく1泊2食の飲食機能や女性による接遇機能を備えていた。本陣においては，食事の提供はしていないが，大名一行が滞在するにふさわしい立派な門や玄関といった格式高い設備および特権を持ち，現代の高級旅館に通ずる特徴があった。1870（明治3）年の宿駅制の廃止に伴い，本陣の諸手当は停止され，旅籠は従来の本陣にならって格式高い設備を備える自由を獲得し，両施設は宿泊施設として同等の存在になり，高級旅籠が出現した。一方，明治時代の鉄道の発達により，街道沿いの本陣や旅籠の経営が悪化することとなった。

また，湯治場宿にも変化が生じた。湯治場宿は，古来より治療を目的に安い値段で長期滞在する仕組みであった。ところが，江戸中期以降，湯治場宿は短期滞在かつ遊興的な利用方法の浸透により大きく変化した。さらに，明治時代に鉄道が整備されたことで湯治場宿の短期滞在者が増加し，1泊2食が導入されたという。また，湯治場宿は地域で共同の温泉を利用することが一般的であったが，近代化と共に温泉を各施設内に内部化するようになった。

以上のように，本陣，旅籠，飯盛旅籠，湯治場宿，茶屋・料亭において定着していた機能が，現代の旅館における宿泊機能（格式高い建物・設備），飲食機能（1泊2食・高級な料理），入浴機能（温泉），接遇機能（女性による接遇）に引き継がれたのである。

4　旅館を支える女性たち

● 旅館における接遇の変化

明治時代以降，鉄道の発達によって街道沿いの本陣や旅籠の経営が悪化する中で，鉄道でアクセス可能な温泉地の宿泊施設は従来の機能を取り入れた新たな旅館として成長した。大久保（2013）では，温泉地の旅館の女性による接遇機能の変化を論じている。これによれば，明治時代以降に誕生した温泉地の旅館では，旧来の湯治場宿とは異なる接遇機能が発達したという。

江戸時代の湯治場宿では，現在の旅館のように宿泊客の出迎え，茶菓子の提供，館内の案内という接遇機能が存在した。しかし，これらの接遇機能を担ったのは

主に宿の主人と番頭などの男性であり、女性は経営者家族であっても顧客対応をしないことが一般的であったという[4]。そこで、顧客の世話をする職業として、旅館に所属しない「女中」が存在していた。旅館は顧客に女中を紹介するだけで、顧客は女中と直接契約して世話役や宿の手配を依頼した。このような関係性において、顧客は旅館に宿泊料を支払い、女中には報酬として「茶代（チップ）」を支払っていた。

大正時代以降、「茶代廃止」の流れに伴い、旅館は「接遇機能」を統合していったという。つまり、これまで外部に委託していた接遇機能を自前で提供するため、従業員を雇用するようになった。こうして、現代の旅館における仲居が誕生したと推測できる。ちなみに、顧客と接点を持たない掃除や食事といった裏方の仕事は従来女性が担っており、女将は従業員の教育や裏方を取り仕切る役割を担ったと考えられている。

● **女将の役割の変化**

現在、女将といえば「旅館の女将」が想起されるほど、女将は旅館を特徴づける存在である。大久保（2002a：100）は、女将を「旅館にとって重要な日本情緒を具現化するひとつの象徴であり、また生け花や茶の湯などの日本の古典的な教養を基礎としたもてなしの体系を実践する人」と表現している。しかし、既述のように女将が顧客との接点である表舞台に出ることは一般的ではなかった。元来、裏方を取り仕切っていた女将が接遇の象徴として表舞台に出現するようになったのは、旅館が大きな変化を遂げた高度成長期であるという。当時、企業の慰安旅行をはじめとする団体旅行が増加し、団体旅行客を対象としていた旅館では大規模な変革を必要とした。団体旅行客の行動に合わせて、旅館は数百人の顧客を想定した規模の施設を建設し、到着後の入浴、宴会、二次会、就寝、早朝出発という画一化された旅程を実現できるような施設や人員配置を整えた。

一方、同時期に旅館の女将に対する消費者の期待が形成された。女将のイメージ形成に大きな影響を与えた要因として、大久保（2002a、2013）では、1970（昭和45）年に放送された『細腕繁盛記』という読売テレビで放送されたテレビドラマの存在を挙げている。当時、関西地域で40％近い視聴率を記

録したことから，消費者への影響力をうかがえる。ドラマは，戦後の熱海温泉の旅館に嫁いだ嫁が，旅館を切り盛りするという内容であり，女将の存在とともに非マニュアル的な手厚いサービスを印象づけた。また，1980年代になると女将は旅行番組でも頻繁に取り上げられ，裏方から表舞台に出現するようになった。

大久保（2002a）が『全国女将サミット』の出席者に対して実施した『女将の仕事に関する調査』によれば，回答者（有効回答数：女将38，若女将他25，合計63）のうち77％が経営陣であった。また，接客業務は，出迎え，見送り，宴会場での挨拶を重視していた。このように，現代の女将は旧来の裏舞台の存在から，旅館の経営と接客業務を取り仕切る表舞台の存在に変化したのである。

● **女性の働きやすさを支える仕組み－和倉温泉加賀屋を事例に－**

ここまで述べてきたとおり，旅館において女将と仲居という女性の担い手が重要な役割を担ってきた。以下では，日本の代表的な旅館の一つである和倉温泉（石川県七尾市）加賀屋（以下，加賀屋）の事例を取り上げ，経営学の一端であるサービス・マネジメント研究の視点から女性の働きやすさを支える仕組みについて考えてみよう。

加賀屋は，1906（明治39）年に創業した歴史のある温泉旅館である。当館は大型旅館でありながら女将や仲居（客室係）を中心とした細やかなサービスが評価され，1981年に初めて『プロが選ぶ日本のホテル・旅館100選』の1位を獲得して以来，継続して35年間トップを維持し続けたという実績をもつ。加賀屋は，旅館の成立において説明した機能（宿泊，食事，入浴，接遇）を備えており，とくに接遇面については手厚いサービスを提供している。例えば，出迎えや見送り，客室への案内，女将の挨拶，部屋食の配膳に加え，仲居が顧客を目視で確認して体形に合う浴衣を用意したり，食事の配膳中に宿泊目的が祝い事であるという情報を得れば，即座にプレゼントを用意したりと，高度に個別化されたサービスに定評がある。このように高度なサービスを提供するために，加賀屋では様ざまな工夫を取り入れているが，本章ではとくに女性たちを支える仕組みとして，料理自動搬送システムと保育所付

き母子寮を紹介しよう。

○料理自動搬送システム

　加賀屋は232室（2017年3月現在）を有する大旅館である。近年の旅館では，合理化や顧客のプライバシーという観点から部屋食ではなく館内の食事施設における食事提供が普及しているが，加賀屋では従来どおり部屋食を提供している。しかし，このような大旅館で部屋食を展開することは，女将や仲居をはじめ配膳を担当する女性にとって大変な負担となる。そこで，加賀屋では1980年代に多額の資金を投じて料理自動搬送システムを開発した。これは，食事を調理場から客室や宴会場まで運搬するコンベヤー式の搬送機械である。もちろん，このような設備は，旅館の情緒を壊さないよう，顧客から見えない施設の裏側に設置してある。当初，このシステムは，配膳における仲居の負担軽減を目的に設置されたが，これにより仲居は食事中のサービスに集中できるようになった。また，顧客にみえない舞台裏のサービスを機械化することで，品質のバラつきや人為的なミスを回避でき，結果的にサービスの向上につながった。

○保育所付き母子寮

　加賀屋には，「カンガルーハウス」と呼ばれる（学童）保育所がある。女性従業員が小さな子供を預けて安心して働ける仕組みとして設置した。カンガルーハウスにでは，専属のスタッフが1歳から小学6年生までの子供たちの世話を担当している。宿泊業をはじめサービス産業では従業員の定着率の低さが課題となっているが，加賀屋では保育所によって仲居の定着率が向上したという[5]。

　これまで述べてきたとおり，旅館のサービスの担い手は女性であり，加賀屋の取り組みのように，女性が働きやすい仕組みを工夫することは，旅館全体のサービスの品質の向上に貢献するといえよう。

★コラム：従業員満足と顧客満足の関係

　加賀屋の事例では，旅館のサービスの主な担い手である女性の働きやすさを支える仕組みが，旅館として高い評価を得る要因になっている。このことは，従業員満足と顧客満足の関係性を示唆している。

　ここで，アメリカの経営学者ヘスケットら (Heskett et al., 1994) が提示したサービス・プロフィット・チェーンというモデルを紹介する。このモデルは，従業員満足と顧客満足および収益の関係を説明したモデルである。モデルを順番に説明しよう。内部サービス品質の向上が，従業員満足を向上させる。従業員満足が生産性と従業員の定着率を維持・向上させ，高品質のサービスにつながる。サービス品質の向上は，顧客満足と顧客ロイヤルティの向上に影響し，顧客ロイヤルティが収益と売上に貢献する(図8-4)。ちなみに，ロイヤルティとは愛着や忠誠心を意味する。つまり，企業における従業員にとっての品質を高める仕組みを構築することで，従業員が企業において熱心に働くようになり，それが顧客に提供されるサービスの品質を向上させる。サービス品質が向上すれば，顧客は満足して企業に対して愛着を持つようになり，結果として，企業の収益性が高まる[6]。加賀屋が日本を代表する旅館である理由は，このモデルで示される従業員満足と顧客満足，そして収益の関係性から，説明することができるだろう。

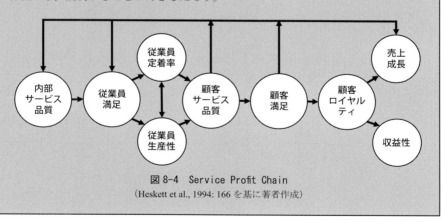

図 8-4　Service Profit Chain
(Heskett et al., 1994: 166 を基に著者作成)

5　おわりに

　最後に，現代の旅館の課題についてふれる。現在，旅館はインバウンド振興に取り組む我が国において日本独自の宿泊施設ないし観光資源として期待されている。一方，旅館の施設数は年々減少し，市場規模も縮小していることはすでに述べた。日本交通公社(2002)『21世紀・旅館経営の課題—10年後を生き残るために—』の議論を要約すると，旅館衰退の原因として次の五つの項目が挙げられる。その原因とは，(1) 量を追い求めた過剰開発，(2) 団体旅行という単一市場の争奪戦と同質化，(3) 個人旅行の軽視と旅行会社への依存体質，(4) 日本旅館に対する執着，(5) 合理化の遅れである。これに対して，ターゲット層を明確にし，独自の魅力を打ち出す仕組みを構築することが課題の一つとして指摘されている。

　本章で紹介した和倉温泉加賀屋は，女性による高度に個別化されたサービスを提供するために，従業員満足と合理化を実現する仕組みを構築し，宿泊市場で高い評価を得ていた。このように経営の優位性を確立する優良な旅館の事例は他にも存在する。今後，旅館経営に関する研究のますますの進展が期待される。

✪　考えてみよう
(1) 女性の従業員が旅館のサービスに与える影響を考えてみよう。
(2) 旅行情報サイトで評価の高い旅館を複数取り上げ，それぞれの旅館で提供されているサービスを比較してみよう。
(3) 女性の働きやすい職場とは，どのようなものかを考えよう。

✪　つぎに読んでほしい本
・伊藤宗彦，高室裕史（2010）『1 からのサービス経営』，碩学舎.
・山本昭二（2007）『サービス・マーケティング入門』，日本経済新聞出版社.
・近藤隆雄（2007）『サービスマネジメント入門—ものづくりから価値づくりの視点へ（第3版）』，生産性出版.

［注］
1) 例えば，山小屋やユースホステル，カプセルホテルなどが該当する。
2) 宿泊業に関する主な法律としては，旅館業法のほかに，国際観光ホテル整備法（1949年制定）がある。この法律は，外客宿泊施設の整備が求められた歴史的背景において，主にホテル・旅館の施設面の整備や情報提供の促進，接遇の充実等を目的に制定された。同法の条件を満たすことにより，登録ホテル・旅館として認められる。
3) 下宿営業は特殊な営業であるため表では省略されている。2016年，昨今の民泊サービスの拡大に伴い，簡易宿所営業の基準が緩和された。
4) 既述のとおり，江戸時代においては幕府による宿や茶屋に対する細かな規制があり，茶屋・旅籠における女性の給仕係は2名までに制限され，主人の妻子によるサービスは禁じられていた（重松，1977：128-129）。
5) 「日経流通新聞」1998年3月24日付。
6) 一方，このモデルで示される関係性が示されない調査結果もあり（例：Pritchard & Silvestro, 2005），この差異を生む要因を検証する必要がある。

［引用・参考文献］
・大久保あかね（2002a）『近代における日本旅館の成立と変遷』，立教大学博士（観光学）学位論文．
・大久保あかね（2002b）「日本旅館に関する歴史社会学的考察 - 昭和40年代までの新聞小説から」，立教観光学研究紀要，4, 19-26．
・大久保あかね（2013）「近代旅館の発展過程における接遇（もてなし）文化の変遷」，観光文化（公益財団法人日本交通公社），217, 17-20．
・小田真弓（2015）『加賀屋 笑顔で気働き―女将が育んだ「おもてなし」の真髄』，日本経済新聞出版社．
・姜　聖淑（2013）『実践から学ぶ 女将のおもてなし経営』，中央経済社．
・作古貞義（2002）『新版ホテル事業論―事業化計画・固定投資戦略論（ホテル旅館経営選書）』，柴田書店．
・重松敦雄（1977）『旅と宿―日本旅館史』，社団法人国際観光旅館連盟．
・Heskett, J.L., Jones, T.O., Loveman, G.W., Sasser Jr., W.E., & Schlesinger, L.A. (1994). Putting the service-profit chain to work. *Harvard Business Review*, 72(2), 164-170.
・Pritchard, M., & Silvestro, R. (2005). Applying the service profit chain to analyse retail performance: The case of the managerial strait-jacket?. *International Journal of Service Industry Management*, 16(4), 337-356.

［資料］
・厚生労働省（2016）『民泊サービスを始める皆様へ〜簡易宿所営業の許可取得の手引き〜』.
・厚生労働省『衛生行政報告例』各年版.
・日経流通新聞，1998年3月24日付.
・日本交通公社（2002）『21世紀・旅館経営の課題―10年後を生き残るために―』，21世紀の旅館ホテルを考える研究会.
・日本政策投資銀行・日本交通公社（2016）『アジア8地域・訪日外国人旅行者の意向調査（平成27年版）』.
・日本生産性本部『レジャー白書』各年版.

第 9 章

地域で観光を支える女性
―ケーススタディに見る女性としての存在とあり様

中子富貴子

　「観光の場で働く」，「観光を支える」という状態には多様な形態が含まれる。例えば旅行会社で働くこともそうであるし，ボランティアガイドをすることもそうである。観光地を訪れ観光案内所にいくと窓口で案内をしているスタッフには女性が多い。彼女たちは，観光協会の正規職員の場合もあり，パートの場合もある。あるいは，旅館の女将という仕事は従来から女性の仕事とされている。このように一言で，女性が観光（地域観光）の場で働くといっても，業種だけでなく雇用形態も多様である。

　ここでは，3人の女性のケーススタディ分析を通じ，彼女たち自身が仕事や活動にどのような思いを込めているのか，またその活動が地域社会や観光とどのような関連を持つのかを見ていこう。

1　はじめに

　ここでは，ヒアリングに基づいた三つのケーススタディを示し，女性が観光という仕事を通じて，そこに何を求めようとしているのか，言い換えれば女性として人としてどのように関わろうとしているのかを問いかけるものである。

　ケースに登場する3人は地域観光を支える重要な人材であり，その活動の影響は地域社会全体に及び，よりよい観光地づくりに欠かせないことを，時代の変化や地域社会のあり方への検討を通して見ていこう。

2　調査方法と結果の分析にあたって

　本章で用いる調査の手法は，個人面接法によるケーススタディ分析を用いている。この手法では，インタビュー調査側は設問の大枠は設定するものの，語り手の発言については枠をはめず自由に語ってもらうことを原則としている。ただし，設問の大枠ならびに結果の分析にあたっては，調査する側の調査目的，明らかにしたいことが反映されることは言うまでもない。

　本章では，現代社会において，女性が人として職業や仕事を選択する動機，ならびにその動機に基づいて就業した観光に関わる活動が，地域社会というシステムにどのような影響を与え，それが当人に対してどのような意味づけを与えたのか，そして，それがケースを越えて現代社会の人々の生き方や働き方とどのように結びついていくのかを明らかにすることを目的としている。

　これらの研究目的に即した分析については，これまでにも社会学の中で，様ざまな知見が積み重ねられ，分析指針（パースペクティブ）や分析のための理論が開発され積み上げられてきた。

　そこで，本章では，まずインタビューのケースを提示し，続いてこれらのケースを分析するに当たって必要と思われる分析指針や理論を用いて，インタビューの結果を分析・解釈する。読者の参考に資するために，設問の設定やインタビュー結果の分析・解釈で用いた分析枠組みや援用した理論を略述し概説するとともに，これらを用いて改めてケースを分析し，そこから明らかにできた分析結果を提示する。末尾では，これらの分析結果が含意する現代的意義について示し，本研究のまとめとする。なお，このような本章の構成は，読者がケーススタディによる調査研究を進める際の一つの範例としての参考に資することをも考慮した結果でもある。

● ケーススタディから
❖ 3人の女性の場合

　ここでは，3人の女性に行ったインタビューからまとめた三つのケースをまず紹介する。

第9章 地域で観光を支える女性——ケーススタディに見る女性としての存在とあり様

○Aさん（60歳代）のケース

地元での会社経営に携わりながら，NPO法人を立ち上げ理事長を務めている。NPO法人の活動は，高齢者や障害者などの旅行者も安心して旅行ができる観光まちづくりである。

・これまでの経緯

　結婚して子育て中は専業主婦として，子どもが小学校を卒業するまで「母親業」に専念した。子どもが小学校を卒業し時間に余裕ができるようになってからパートの仕事やご主人の会社の手伝いを始め経営にも携わるようになる。その過程で，障害者の働く場がないことや家族の大変さを知る機会があり，また会社に地元の若い人たちを雇用している中で，働いて自立することの大切さやその場の必要性を感じる。そうした長年の中で，自分の思いを形にすることができないかと考えていたが，知人の紹介で今の活動に関わるようになり，NPO法人を立ち上げることになった。

　とくに，「観光」を意識して活動を始めたわけではないが，地元が観光地として有名な地域であったので，自然と観光との関わりができた。関われば関わるほど自分なりに地域の観光の課題を感じるようになった。もっと状況を良くしたい，自分なりに何かして変えていきたいという思いが強くなり，観光まちづくりの活動に関わってきた。NPOでは子育て中の母親や，障害者も雇用し，一人でも多くの人の働く場を作るために活動している。Aさん本人は理事長として報酬なしでNPOの活動に携わっている。

・今のやりがいと不満，自分の変化

　観光という領域と関わりを持ったのは意図せぬ結果であるが，この活動を通してまちづくりや地域をよくしたいという思いが強くなった。しかし，誰かがやってくれるだろうと待っていてもしょうがないので，自分がやっている。

・女性として観光の仕事に向き合うこと

女性には母親としてのしたたかさや強さがあり，男性が気づかない人の迎え方やつきあい方に包容力があると思う。子どもの世話と同じで，お客様がこうして欲しいと思ったら，自分の思いと違ってもそうやってあげることに長けていると思う。そういう意味では，人を迎える地域観光の仕事は女性には向いていると思う。また，今の地域観光には様ざまな仕事もあり，一端仕事をやめた女性でも関わりやすい環境になっていると思う。女性だから不利だと思ったことはあまりないが，それは人によると思っている。

○Ｂさん（40歳代）のケース
　地元の観光協会で働いている。責任者の立場なので管理職である。会議や管理業務も多いが，キャンペーンの時などはハッピをきてイベント会場に立つこともあり，事務所にいるだけではない。
・これまでの経緯

　　結婚前，結婚後，出産後の育児期間，子どもがある程度大きくなってから，仕事はその都度変え，一時は専業主婦の期間もあった。別の会社に勤めていたが，今の仕事に転じた。

・きっかけ，思い

　　前職は県外への出張も多かったが，家族のことも考え，地元でもっと働ける場はないかと思いこの仕事の求人に応募した。若者を育てていくことや教育に興味があり，地元のためになる仕事をしたかったのでこの仕事を選んだ。イベント関連の仕事もしていたので自分のスキルも生かせると思った。何よりも人と関わる仕事が好きなので，今の仕事にやりがいを感じている。
　　観光の仕事は，これまでの仕事以上に「一人ではできない」仕事だと感じている。様ざまな人とチームプレーでやっていく必要や，地域の人たちと協力していかなくてはいけない。

・女性として観光の仕事に向き合うこと

これまでのイベント関連の仕事でも男性が多い気がしていた。女性の活躍の場がもっとあってもいいとも思っていた。今でも男性社会で，管理職に女性は少ない。お客様との対面の業務では女性が多いと思うが，裏方の仕事や意志決定の場には男性が多く，雇用体制を見ていても比較的女性の方が低いお給料で働いていると思う。女性であれば別の判断をすると思うことや，悔しい思いをすることもある。

女性というのはホーム＝そこにいてくれる人，あそこに行ったらあの人に会えるという存在になれると思う。男性のように集中して仕事するのではなく女性はちょっと違う。話をしていてもどんどん内容がそれていくことも多く，いろいろな人と話をしていく。女性の気づきというか，大事なものがあるのではないか。男性中心の観光の職場ではきらびやかな高級ホテルとか飲食店だったり，観光事業者だけを集めたりしてきたイメージがあるが，そこから外れる人や高齢者や子どもも入って，地域の人も地味でもおいしいものを作っている農家さんや，そのようなひとくくりにできない人たちも観光に関わるので，もっと多様な人に目を向けていきたいと感じている。

これからの観光は，いろいろな人が関わる必要があると言われているが，女性の活躍の場はまだまだあると思っている。女性の社会進出はもっと進んで欲しい。子育てをしている人で孤立している人もいる。少しでも関わって活動する時間があればいい。子育てしているから社会と分断されるという時代ではなく，それぞれ時間のある時を利用し，活かしていく方が社会としても良い。仕事をするかしないかという選択の問題ではなくて，短い時間でも働きたい人はそういう場が必要で環境をつくるのも必要。女性はどこにいても母性というか輝くものだと思う。女性にできることはあると思う。

○Cさん（40歳代）のケース

NPO法人の職員，観光案内などに携わっている。自身に障害があり，高齢者や障害者の旅行中の相談も受けている。

・これまでの経緯

　成人してからいったん地元を離れて東京で仕事をしたが，体調が思わしくなくやめて地元に帰ってきた。別の仕事をしているときに誘われてこのNPOの仕事に就

いた。当初は契約期間があると言われ，その時に就いてした仕事と比べて安定性は低かったが思い切って転職をした。

・きっかけ，思い

仕事は観光案内をすることや，高齢者や障害者への相談対応等だと聞かされ，これまでの自分の経験を生かせると思った。これまでも旅行時に，施設の設備やバリアフリーになっているかどうか不安なことが多く，不便なことや苦労も多かった。同じような思いをしている人も多くいると考え，自分の経験がこの仕事で役に立てると思った。そう思うと「これは自分にしかできない仕事だ」と強く思った。

・今のやりがいと不満，自分の変化

地元のいろいろな観光地や施設を見たり，お客さまに説明するために勉強したりして，あらためて地元のことを知り，地元をますます好きになった。家族も住んでいるこの土地への愛着をますます感じるようになった。一人でも多くの旅行者に情報を届けたいと思っている。この仕事に転職したことに後悔はしていない。

・女性として観光の仕事に向き合うこと

女性だからかどうかはわからないが，お客様からの相談でも相手が言いにくいことでもちゃんと聞きだして話ができるように思う。「女性らしい気づき」というものがあるような気がする。ただ会議などに行っても女性が少なく，慣れていないせいもあって萎縮してしまう。NPOらしく自由に仕事を考えてもよいと言われるが，何をしてよいか分からないことがある。ロールモデルになる女性も周りに少なく，自由に仕事をすることのプレッシャーも感じる。

❖ 3人の女性の共通点

紹介したケーススタディは，女性の視点から観光の仕事はどのようなやりがいがあるのか，女性であることと観光の仕事にはどのような関連が見いだせる

のか，あるいは女性としての特性を彼女たち自身はどのように感じ仕事に生かしているのかを問いとし，ヒアリングを行ったものである。

すべてに共通した質問項目は，現在の仕事に就くまでの経緯や，現在のやりがい，「観光」の仕事をどう捉えているか，女性として感じる特性や観光の仕事との相性，女性としてのメリット・デメリットについて等である。

インタビュー結果での3人に共通する点は，現在の生活の基盤があることや生まれ育ったことが理由で，地元で仕事をしていることが1点目としてあげられる。ただし，この点はケーススタディで取り上げた3名についてであり，地域観光に携わる女性が地元志向であることを実証するものではない。実際には家族の問題などから，出張の少ない仕事や県外での仕事を選ぶ女性は少ないだろうが，ケースから直接の結果として言えるわけではない。

むしろ彼女たちの地元へのこだわりに共通するのは，地域や社会に役立ちたいという期待を持っている点にある。それは社会と関わりながら社会をよくしたいという考えや模索であり，自己満足や自己完結的なものではなく，社会とつながりの中に自分の存在を位置づけているということである。言い換えれば，社会にとって価値ある人間であることを感じる社会的有用性，意味ある他者にとって自分の存在価値を感じる自己有用性の大切さである。

共通する2点目は，観光に関わる仕事が地域に役立つものであること，人と交わる仕事であり，一人ではできない周りの人たちと協力していく仕事だと感じていることがある。そして，そういった内容の仕事は「女性に向いている」と感じている。なぜなら，女性には男性にはない独自の気づきがあること，他人への包容力があること，ネットワーク力に長けている等の理由のためである。

● **ケーススタディを見る視点**

共通する意見にあるように，「女性には男性にない気づきなどの特性がある」ことや，「観光の仕事が女性に向いている」といったことは本章では実証的に扱うものではない。観光の仕事が人と関わる仕事であることは事実としてそのとおりであるが，地域観光の仕事そのものを定義することや，女性がそれらに向いていることは本章では前提としない。注目するのは，ケースにおける3人が実際そ

のように感じ，やりがいや自分の思いを託しているという事実である。

　本章では扱わないが，ここでは付加的にいくつかの女性と労働に関する研究の例をあげておこう。

　例えば3人が述べるような，女性が人と関わる仕事を好むという点については，女性が男性に比べて他者や社会性への志向が高いことを実証する心理学の研究がある。しかし，坂田桐子も述べているように，こうした男女の志向や選好は，社会集団によって合意されている価値や規範，信念が集団のメンバーに影響を与え，ジェンダーステレオタイプとして個人の規範意識や行動様式を左右している結果とみることもできる。ジェンダーステレオタイプとは，「女性，男性という社会的カテゴリーのメンバーに関する知識構造」（坂田桐子，2014：98）であり，家族や教育，社会生活を通して社会集団のメンバーである個人に内面化される。

　このような社会的な価値が強固な中で，女性が劣位に置かれながら労働の場で男性に比べて低賃金，パート扱いに置かれるなどの性別職業・職務分離の問題は，ジェンダー論の視点からこれまでも多く批判的に研究がなされてきた。性別職務分離とは，例えばBさんが述べているような同じ職業内にありながら管理職には男性が多いこと等が当てはまる。観光の場では，女性の仕事として考えられている旅館の女将，接客場面における対面業務の女性の多さ，パートで働く女性の多さなどが実情としてあり，女性の労働を考える時，上記のような研究や考え方も留意しておく必要がある。

　また，給与面や雇用条件といった条件を数量的に把握する，実証的な研究がある。例えば，山口一男はワークライフバランス促進の観点から，「少子化が進むことと男女共同参画が進まないことは，ワークライフバランスの欠如の二つの側面である」（山口一男，2009：1-2）として，調査データを分析する手法で実証的に明らかにしている。このようなデータ分析や数量調査は，女性の賃金や雇用形態等の実態を把握する手段としてこれまでも膨大な研究蓄積がある。本章では数量データは用いないが，地域観光で女性が働くという場合，このような実態をデータで把握しておくことも必要な作業である。

第9章 地域で観光を支える女性―ケーススタディに見る女性としての存在とあり様

3　本章の分析枠組みと援用する理論群

　ここでは，3人の女性のインタビュー結果を個人の側面からと地域社会システムとのかかわりの側面の双方から分析し，観光に携わる女性の生き方を考察してみる。

● 合理的選択過程に着目した動機分析と行為分析

> ○用語解説：「合理的選択理論」
> 　個人がある行為を行う時，自分の利害関心に基づき利益を最大化するよう意図し行為を行うという前提仮説を設け，個人と他者との相互作用を分析し一般化（に成功）したのが合理的選択理論である。個人は置かれた状況の中で，自分の利益を最大化し，同時に負担するコストを最小限にするために合理的に判断し行為する。その際，利害関心とは金銭的利益や物質的な資源だけでなく，他者や社会からの賞賛や他者への影響力，自己充足感や安心感なども含めた個人にとって利益となる関心や資源である。社会システムの現象は，行為者の行為，他者との交換関係，これら行為者の集合的行為の集積的結果であり，またそれが個人の判断に影響を与えるマクロ的条件ともなる。(J.S. コールマン，2004 を基に筆者作成)

　まず，3人の女性が現在の仕事を選んだ動機に着目してみると，それぞれなりのメリットやデメリットを見いだしつつ決断に至っている。こうしたプロセスを分析する有効な理論の一つとして合理的選択理論を挙げることができる。
　Aさんはまだ子どもが小学校に入る前であれば，現在のような活動はしていないかもしれない。なぜなら母親業を離れて働くコスト（母親であることの義務や子どもから離れる時間の大きさや子育ての楽しさを持てないこと）が大きいと判断していたかもしれない。またCさんは，この仕事に誘われた時，より雇用形態の安定した仕事に就いていたが現在の仕事に転職した。それは，新しい仕事へのやりがいや自分を生かせると判断できる将来（利益）が，その時の仕事を辞めることで被る不安定さ（コスト）と勘案しても利益の方が大きかったからである。

しかしそうであっても，仮に新しい仕事で得られる給料があまりにも低ければ，合理的に考えて転職はあきらめていたかもしれない。

3人の女性たちはそれぞれ自分の選択に際し合理的に判断を行っている。それが他者からみて非合理的に感じることであっても（AさんのようにNPOの代表として無償で時間や労力をかけることに無駄だと思う人はいる。また，Cさんのように給料が安く雇用期限のある職場への転職を合理的でないと思う人もいる）行為者にとっては合理的であると見なしていることが，それぞれのインタビューからうかがえる。

● プッシュ・プル要因

> ○用語解説：「プッシュ・プル要因」
> 人がある行為（仕事）を選択する場合，選択に影響を与える状況や条件は個人によって異なる。条件には，行為者を行動に押し出す個人の側の要因と，個人を惹きつける環境の側にある要因に分けることができる。前者をプッシュ要因，後者をプル要因という。

プル要因を単純に考えると，BさんやCさんのように，興味のある仕事の求人があることだが，何がプル要因として行為者の前に存在するかは，背景として社会的な合意や価値観，規範のあり方といったものがある。例えば，家庭と仕事の両立の支援制度もなく，女性が働くことに社会が否定的であった時代は，女性に対する求人はないか，あってもパートが多い。また女性が働くことへの家族の反対もあるだろう。しかし，家庭と仕事の両立に社会が積極的に対応すべきという現在のような時代になれば，フルタイム職の求人の増加や支援制度の整備等の変化がある。また，AさんやCさんの場合，NPO法人が制度化されていなかった時代であれば，現在のような活動の形ではなかっただろう。3人の状況を考えても，生活歴におけるどの時点なのか，あるいは時代状況の変化によって環境や条件は変わってきている。

● ライフコース論

> ○用語解説：「ライフコース論」
> 　個人や家族が時代や社会の影響を受けつつ，どのような人生の軌跡を描くかを捉えるのがライフスタイル論やライフコース論である。従来のライフスタイル論が「観察対象の家族群があたかも一斉に人生航路をたどるような取り扱いをした」（森岡清美, 1991:2）ことに比べ，ライフコース論では，個人の行為の選択が強調される。現代日本のライフコースを見ると，結婚年齢は分散過程（脱標準化），大学への社会人入学などは従来の高等教育制度からの分離（脱制度化）などの個人化の傾向が指摘されている（嶋崎尚子, 2010 : 253）。

　従来から結婚，出産，子育てという女性の，家族の生活歴に合わせたライフスタイルには一定の共通性があると見なされてきた。女性の労働率（15歳以上の人口に占める労働力人口）は，年齢別に見ると「M字カーブ」を描くことはよく知られている。女性の労働者数を5歳刻みでグラフにすると，25〜29歳と45〜49歳がピークで35〜39歳までの労働率が低くなりM字の形になることから言われるものである。これは既婚者で子育て中の女性が結婚，出産を機に退職し家庭に入ることなどから現れる。例えばAさんとBさんは，子育て中は仕事を変えたり，辞めたりして，M字の形と同じ過程を進んでいる。しかし同じようなM字であっても，AさんとBさんの時代は異なっており，子育ての時間から解放された後の再就職にしてもAさんの時代にはBさんのような管理職の求人はなかったかもしれない。このように，時代や社会変化によって大きく個人の人生は影響を受ける。

● （システムへの顕在的機能・潜在的機能に着目した）機能分析

> ○用語解説：「機能分析」
> 　個人が意図と目的を持って行為するという合理的選択理論は目的行為論である。しかし，個人が合理的に行為を行っても意図通りの結果に結びつかないこともある。あるいは予想されない結果が現れることがある。また個人にとって合理的でも，

> 集団にとって合理的でも最適でもない結果になることがある。逆に社会集団が意図した結果はメンバーである個人にとって最適でない場合もある。このように個人と社会集団＝システムのそれぞれの意図と結果は，個人の目的行為の考察だけでは析出できず異なった視点が必要になる。
>
> 　R.K. マートンは特定の事象がシステムの維持に対して促進的に作用するか阻害的かによって，それぞれ順機能，逆機能に区分した。そして行為の結果が行為者の意図したものか，意図されず認知されないものかによって顕在的機能，潜在的機能とし，意図と結果に不一致をもたらすことを説明している。(R.K. マートン，1961を基に筆者作成)

　例えば，雇用者の人件費コストを低くするためにパート従業員を多く雇い入れる企業があるとする。その結果，人件費コストは意図通り抑えることができれば顕在的機能として企業にとって順機能であるが，一方従業員の働く意欲が減退し生産性の低下や減益をもたらすと，意図せざる結果を伴うことになり潜在的逆機能の作用があると言える。事象の作用と結果は，このように順機能と逆機能の差し引きで図ることができる。近年のワークライフバランスの議論では，仕事と家庭の両立を図るため働き手の充足感も重要な要素と考えられている。個人が労働をどう位置づけるかという個人の意図や動機が重要になってきている。利潤を効率よく集める人材だけでなく，企業もその潜在指数に気がつき，個人に与えるものも考慮するようになり，個人が職業を選択する動機や充足感を変数として考慮せざるを得ない時代になってきている。

4　社会システムと機能分析

● 地域観光経済における潜在的機能

　地域観光の場を一つの観光経済システムと見ると，市場経済を促進させる意図的，顕在的機能だけでなく，意図されない潜在的機能も含まれていることがわかる。

　例えば，この視点から地域経済の潜在的機能を示したと言えるのが田中夏子によるイタリアの地域経済の研究である。

田中は，バニャスコがイタリア北東部（サードイタリー）の調査において，アンペイドワークなど経済活動にとってマイナス面と捉えられる反市場経済システムに着目し，インフォーマルな家族や親族による自らのための生産活動（家内経済），営利を目的としない個人や集団による経済活動，相互扶助的な関係（コミュナルな経済）を肯定的に評価したことを受けて，経済活動を重層的に捉える視点の重要性を提起した。田中は，フォーマルな「市場の論理」に対峙するものとして「家族の論理」，「地域の論理」によるインフォーマルな活動を肯定的にとらえる。そして，市場競争を体現する市場の論理と，それに馴化しない家族，地域の論理との相互作用によって経済システムは維持されるという重層構造を論じている。そして，地域経済システムの中ではその重層的な構造が「人々にとって暮らしやすい，働きやすい場の創出につながっていくのではないか」と問う（田中夏子，2004：12-32）。

　企業や市場の論理は，システム経済への顕在的機能（収益性，効率性，生産性）を目指し，それに適した人材の選別，雇用の内容や賃金の決定がなされるが，ケースの3人は地元への観光客増加という経済性は意識してはいるものの，それぞれの動機や意図は，やりがいや貢献したい気持ち，地域の人々とのつながり，自分のよりよい生き方への志向が大きく，自己の充足感を社会に位置づけながら達成しようとしている。

　NPOの活動は，非営利であり収益を目的としない。地域観光の場という経済システムの中で，経済促進を一義的に目指さず，企業の求めるような効率性から逸脱した働き方を模索し，働き手としてだけでなく観光客としても期待されていなかった不利な条件化の女性や障害者を重要に考える。NPO活動は，顕在的機能という点から捉えれば逆機能と言えるかもしれない。しかし，働き手にとっては社会的有用感，障害者にとっては旅行機会の増大，地元住民にとっては住みやすい「やさしいまち」の形成が促進されていることは言うまでもなく，潜在的な順機能を果たしている。こうした様ざまな重層的な構造が，田中の指摘するような人々に暮らしやすい場を作っていく要素にもなっている。機能論は，このように誰にとって，もしくはどのシステムにとって，どのような機能であるかを明らかにするとともに，社会システムとそのメンバーの個人の行為は，この様ざまな機能の差し引きの中にあり，単純な構造ではないことを改めて認識させるものでもある。

● 社会的ネットワークと社会関係資本

　社会や集団内の活動が効果的に機能するためには，メンバー間の相互の信頼，協力が必要になる。R.D. パットナムは，このような社会関係に組み込まれた集団にひそむ質的な豊かさの資本となる潜在的なかつ不可欠な要素を社会関係資本（ソーシャルキャピタル，社会的資本とも言う）とし，なぜ人は利己的行為だけでなく他者と協力し，集団のための貢献が生じるのかを論じ，協力関係がとりやすく信頼が行き渡った社会集団の方が制度や仕組みのパフォーマンスが良いとしている。

　パットナムが社会関係資本の要素として重視した一つに，人々の自発的な市民参加ネットワークがある。例えば地域の近隣集団や協同組合，趣味の団体のようなインフォーマルな組織が想定される。上記で紹介した田中も，「地域の論理」を社会関係資本に重ねて検討している。

　日本でも，社会関係資本を形成していく装置（社会的仕組み）として，NPOやボランティア団体のような市民活動組織が評価されている。AさんやCさんの活動は，地域の多様な人（これまで働きにくい状況にあった障害者やフルタイムで働けなかった女性など）の就労や活動の受け皿ともなり，観光産業に従事していない人も含めて活動に組み込んでいく。観光事業者（店舗やホテルなど）のように「売り上げ」という目に見える集客結果を得るわけではないが，これらの活動は経済システムをも促進する社会的協力体制の一つの要素になっている。

★コラム：社会関係資本の要素と類型

　パットナムによると，他者との信頼関係，互酬性の規範（お互いの利益を尊重しながら行為することが自分のためにもなるような関係），社会的ネットワークなどが社会関係資本の要素になる。このような相互作用から生み出された関係は，社会的な質を持ちパターン化され社会に組み込まれている。パットナムは社会関係資本を「結束型」と「橋渡し型」に分け，結束型は集団の凝集力を高める一方，外部に対して排他的になる危険性があるとし，橋渡し型は，メンバー間のつながりは緩やかであるが，広いネットワークを形成していくことに長所があるとしている。(参考：R.D. パットナム，2001)

5 まとめにかえて—私事化社会における生き方

　本章では，3人の女性のケーススタディから，それぞれの生き方や社会への関わり方について見てきた。本章の考察の基底となっている考え方について最後に付加しておこう。それは，近代社会の重要な流れである「私事化」という点である。森田洋司によると，私事化とは，「いずれの社会においても，その社会の制度や組織，人々の生活と関心事は，大別して『公』と『私』，『官』と『民』に分けることができる。しかし，この両者の比重は，社会や時代によって違いが見られ，両者の間に形成される優位・劣位などの関係づけも異なる。『私事化』とは，その比重が『公』から『私』へ，『官』から『民』へと高まり，関係が『公』優先から『私』尊重へと移行する社会の傾向を指す」（森田，2006：163）。

　それは言い換えれば，個人がシステムに従属して生きるのではなく，そこに個人の思いや意志を反映させ，社会の方も個人尊重の理念を重視する傾向である。個人が社会と関わりながら生きる証，自己肯定感，自己有用感，社会的有用感，仕事における達成感等がより重要な社会になってきている。

　ケースの3人からは，経済システム（地域観光経済）に関わりながらも，そこに非人間的化された経済システムに自分を関わらせることについて疑問を感じ，むしろ経済システムの持つ潜在経済に自分の生き方と存在の意味を見いだし，それが結果として地域観光システムをより豊かなものとして発展させ，かつそこに関わる人々の人生をより満足度の高いものする可能性にかけようとする生き方が浮かび上がってきた。それは端的に言えば，一人一人がもつ社会的有用感，自己有用感を充足させることのできる職業を選択し，豊かな人生を送っていこうとする私事化社会の人間のあり方と今後の動向を示唆するものである。3人の女性のように考え，地域で観光に関わる女性は多くいるだろう。こうした女性たちが地域観光を担う一翼であることは忘れてはならない。

★　考えてみよう
1．紹介された理論を用いて，身近な事象に当てはめて考えてみよう。例

> えば，機能分析によって自分の行為の意図した結果にどのような潜在的機能が見いだせるか，またそれが自分の所属する集団にとって順機能なのか逆機能なのか考えてみよう．
> 2. 自分自身が地域で観光に携わるとすれば，どのようなやりがいを見いだせるか考えてみよう．どのような仕事や活動が自分にとって興味があるか考え，そこから自分にとってのやりがい，地域への貢献はどのようなものかイメージしてみよう．

[引用・参考文献]
・坂田桐子（2014）「選好や行動の男女差はどのように生じるか：性別職域分離を説明する社会心理学の視点」，日本労働研究雑誌，648, 94-104.
・嶋﨑尚子（2010）「ライフコース」，日本社会学会社会学事典刊行委員会編『社会学事典』所収，252-253.
・田中夏子（2004）『イタリア社会的経済の地域展開』，日本経済評論社.
・森岡清美（1991）「ライフコース接近の意義」，森岡清美，青井和夫編『現代日本人のライフコース』所収，日本学術振興会.
・森田洋司（2006）「イタリアの社会的経済制度としての社会的協同組合」，『大阪地域における中小企業問題と地域再生に関する研究』（科学研究費補助金 研究成果報告書），161-169.
・山口一男（2009）『ワークライフバランス―実証と政策提言―』，日本経済新聞出版社.
・J.S. コールマン／久慈利武訳（2004）『社会理論の基礎（上）』，青木書店.
・R.D. パットナム／河田潤一訳（2001）『哲学する民主主義―伝統と改革の市民的構造―』，NTT出版.
・R.K. マートン／森 東吾，森 好夫，金沢 実，中島竜太郎訳（1961）『社会理論と社会構造』，みすず書房.

第10章　ジオパークと女性

新名阿津子

　ジオパークは2004年に欧州と中国が中心となって始まった地形・地質等の自然遺産とそれと関連する文化遺産の保全保護とその活用のためのプログラムである。2015年にユネスコの正式事業となり，2017年現在，その取り組みは世界中に広がっている。従来，地形・地質遺産は女性だけでなく，社会にとっても美しい景色以上の価値が伝わりにくかった。そこで，本章では地形・地質遺産が女性にとって魅力的な観光コンテンツになっているかを検討し，ジオパークにおいて女性がどのように関与しているのか検討していく。まず，地形・地質遺産の持つストーリーは誰しもが楽しめる観光コンテンツであることを鳥取砂丘の事例から紹介する。次に，ジオパークにおける雇用と女性の問題について筆者の経験を紹介しながら考えていこう。

1　「持続可能な開発」と観光

● 自然環境の保全保護の国際的な枠組み

　現代を読み解くキーワードとして「持続可能な開発（sustainable development）」がある。これは，1987年のブルントラント委員会の報告書"Our Common Future"で広く知られるようになった概念であり，「将来の世代が自分のニーズを満たすための能力を損なわないようにしながら，現在のニーズを満たすような開発（エリオット，2005：3）」と理解される。産業革命以降，工業化や都市化は自然環境の開発によって急速に進んできた。この開発は利便性の高い都市環境や効率的な工業生産システムを構築したが，その一方で，様ざまな環境問題を引き起こした。自然環境や歴史的建造物などの保全保護は，イエローストーン国立公園の設立（1872

年，アメリカ），ナショナルトラストの設立（1895年，イギリス），国立公園法の制定（1931年，日本，現在の自然公園法の前身）などに見られるように19世紀後半から始まった。

　第二次世界大戦後の1960年代より酸性雨などの越境汚染が国際問題となり，1970年代から世界遺産や人類と生物圏（MAB）計画といった自然環境や文化財の保護保全の国際的制度がスタートした。当初は生態系や人間の活動といった生物圏に注目が集まり，地形や地質など非生物圏への注目は必ずしも高いものではなかった。しかし，1990年代に入ると，地質学者らによって地形・地質遺産の保全保護が提唱され，2000年代以降，それらの保全と活用を推進するジオパークという国際的な活動が発展し，2015年には世界遺産や人類と生物圏（MAB）計画，ラムサール条約に並ぶユネスコの正式プログラムとなった。これに伴い，ユネスコが掲げる目標の一つである女性の社会参画に向けた活動もこれまで以上に求められるようになった。

● ジオパークとは

　ジオパークは地形・地質遺産の保全保護を目的とし，その教育活用やジオツーリズムの促進に基づいた地域振興を通じて持続可能な開発を実践する場所である。ジオパークの歴史は他の類似プログラムと比較すると浅いものの，持続可能な開発の下でジオパークのガイドラインに定め，保全保護だけでなく活用も評価対象とした点に違いが見られる。また，これ以外にも他のプログラムとは異なる点がいくつか見られる。

　まずは活発なネットワーク活動である。世界ジオパークは2004年に設立された世界ジオパークネットワークという組織を有しており，33か国・地域119か所がこれに加盟している（2017年3月）。日本においても2009年に日本ジオパークネットワークが組織され，同年同月現在，43地域が加盟している（図10-1）。このネットワーク活動は国家間ではなく，ジオパークに認定された地域間で行われることが特徴である。国際会議はヨーロッパやアジアなどの地域単位で開催される地域大会と世界大会が毎年交互に開かれ，日本では全国大会が毎年開催されている。

　次にジオツーリズム（geotourism）の促進である。人類と生物圏（MAB）計画

図10-1 日本におけるジオパークの分布（2016年9月時点）
（日本ジオパークネットワーク資料により作成）

では，保全保護が中心であったが，1995年に示されたセビリア戦略で保全から活用までを含んだ持続可能な開発へとシフトした。ジオパークでは当初からジオツーリズムの促進を通じた地域振興による持続可能な開発を謳っており，地域資源を使った経済活動も求められる。

当初ジオツーリズムは「地形・地質観光」であり，地形や地質を主たる目的とした旅行形態として認識されており，これまでも主に地質学者や地形学者，愛好家の巡検や調査旅行，学校の教育旅行として存在してきたニッチなツーリズムの一形態であった（Hose, 2010）。ジオパークはこのニッチなツーリズム形態を拡大発展させて，広く社会に普及しようと試みており，地形や地質を含む自然遺産

とそれらと関連づけられる文化遺産を目的とした人の流れを創り出すことによって地域への経済的・文化的利益の還元をもたらすような仕組みを構築しようとしている。

最後に，地域住民の参加が必要不可欠とされる点にある。ジオパークの場合，自然環境の保全保護だけではジオパークとしての認定を得ることができない。その活用を実践し，地元に経済的なメリットももたらす仕組みを形成するためにも，地域住民の参加が必要不可欠である。行政主導のトップダウンではなく，地域主体のボトムアップの運営によって，地域住民，行政，研究者や専門家が協力して持続可能な開発の実践を行っていくことが目標とされている。

● 本章のねらい

本章では持続可能な開発の下，自然環境の保全保護と活用が求められる国際的なプログラムであるジオパークを取り上げ，まず地形・地質遺産が女性にとって魅力的な観光コンテンツになっているかを検討し，つぎに女性がジオパークにおいてどのように関与しているのかについて見ていきたい。

ジオパークは主に地形・地質遺産（geological heritage）の保全保護から始まったプログラムである。地球約46億年の歴史の中で，様ざまな出来事が起こった。地球が誕生して，幾度となく気候が変動し，プレートの動きによって大陸も移動し，その中で生命の誕生と進化，絶滅がくり返されてきた。そういった地球活動を刻む露頭や化石，地形などは，一部を除いて社会においてその価値や重要性があまり認識されてこなかった。しかしながら，地形・地質遺産は他の遺産と同様に，もしくはそれ以上に，一度失ってしまうと二度と手に入らないものである（ディーニュ宣言，1991；筆者訳[1]）。それらの保全保護と活用のためにジオパークがスタートした。

現在では，地表面上に形成される生態系や人間の歴史や有形無形の文化までもジオパークでの保全保護，継承すべき遺産であると位置づけた。もちろん「何でもありではないか」という批判もある。しかしながら，これはジオパークとなった場所そのものが持つ地域性が重視され，都市化・工業化する社会の中で再び地域アイデンティティを見直そうとする動きの一つであり，そのきっかけとなるのが地形・地質遺産であると言える。

岩石や露頭，化石などの地形・地質遺産は，女性にとって親しみのあるものであるとは言い難い。女性誌や旅行雑誌では，地形・地質遺産を自然科学的な面から紹介しているものはあまりなく，美しい景色と場所の物語の解説やアクティビティ，土産物，飲食店，宿泊施設の紹介が多いのが現状だ。女性と観光の関係を考える場合，こういった地形・地質遺産はそもそも女性が興味を持つ観光コンテンツとなっているであろうか。

2　観光コンテンツとしての地形・地質遺産

● 事例：鳥取砂丘

　ジオパークでは自然景観を見て感動し，そこから知的好奇心や探究心を起こすような工夫や仕掛けが必要となる。2010年に鳥取砂丘が属する山陰海岸ジオパークが世界ジオパークとなり，ジオツーリズム促進に向けた拠点整備や人材育成が行われている。鳥取砂丘は文化財保護法の下，特別天然記念物に指定されている。また山陰海岸国立公園に位置しており，自然公園法でも保護されている。さらに，鳥取県は独自に砂丘条例[2]を制定し，砂丘の保全と活用に取り組んでいる。まずは鳥取砂丘について紹介しよう（図10-2）。

図10-2　鳥取砂丘
（2014年，筆者撮影）

鳥取砂丘は年間約120万人が訪れる鳥取県最大の観光地で，砂丘周辺には砂の美術館や土産物店，飲食店，駐車場が立ち並ぶ。観光客はこの一面に広がる砂丘と空のコントラストを見て，砂の上を一直線に海へ向かって歩く。馬の背に登ると眼前には日本海が広がり，天気が良ければ大山を望むこともできる。このほか，砂丘に入るとラクダが観光客を楽しませ，海岸近くではパラグライダーや砂丘ヨガ，サンドボード等が行われており，アクティビティも盛んである。

　地形・地質遺産としての鳥取砂丘が持つ価値の一つに火山灰露頭と火山灰層露出地がある（図10-3）。砂丘地内で見られる火山灰露出地は2.5万年から10万年前ごろ，日本列島で火山活動が活発だった時代に降り積もった火山灰層が地表面に現れている場所である（鳥取砂丘検定実行委員会，2012）。近くの土産物屋の裏手には砂丘の成り立ちがわかる火山灰露頭がある。解説板も設置され，古砂丘・火山灰層・新砂丘の地層が分かるようになっているが，これらの場所へ行くと観光客と会うことはほとんどない。

　砂丘独特の地形に風紋，砂簾，スリバチ地形，オアシスなどがある。その中でも風速が5-6 mの風によって波状の模様が作られる風紋は，土産物の菓子になるほど鳥取砂丘を象徴する微地形である。鳥取砂丘に入る前に鳥取砂丘ジオパークセンターを訪れるとこれらの見どころを解説員が教えてくれる。この鳥取砂丘ジオパークセンターは2010年に開館したジオパークの拠点施設の一つである。

図10-3　火山灰露頭での解説
(2016年，筆者撮影)

ここでは砂丘の成り立ちや棲息する動植物，砂丘で見つかった土器や陸軍の演習場だった時代の銃弾などの人と砂丘の関係が分かる展示がされている。また，風紋発生風洞装置を使った解説では，実際に風洞装置を使って風紋やスリバチ地形が形成される過程を観察することができ，砂丘ではガイドツアーも実施されている。

● ジオツーリズムにおける鳥取砂丘のコンテンツとしての位置づけ

　鳥取砂丘を目的として訪れる観光客は多く，ジオツーリズムにおいてはその目的地としての役割を果たしている。ここからは地形・地質遺産が持つ価値は観光コンテンツとしてどのような位置にあるかを考えていこう。

　狭義の地形・地質遺産を目的とした観光であるジオツーリズムは先述のとおり，主に研究・教育旅行であった。そこでは岩石や地層を調べたり，地形を読んだりしながら，地形学や地質学的な興味関心を満たすものであった。ジオパークではそれに加え，研究者や愛好家でなくても地球の歴史やダイナミズムに触れ，それらを誰でもが楽しめるように努めている。また，ジオパークはユネスコのプログラムでもあることから，年齢，性別，国籍，民族，障害の有無など対象を問わず，誰しもがその対象となる。

　とはいえ，地形・地質遺産について景観的な美しさ以上の理解を得るには，とても時間がかかり一朝一夕にはなし得ないものでもある。砂丘の形成史や微地形，そこでの生き物たちの暮らし，人の関わりなどに興味を持つ観光客は決して多くはない。このような状況の中で2010年に山陰海岸ジオパークが世界ジオパークとなり，活動が蓄積されてきた中でコンテンツ開発も進んできた。ジオパークでは地形・地質遺産や場所が持つ地球科学的な物語を「ジオストーリー」として位置づけ，各所でそのストーリー作りが行われている。

　その中で鳥取砂丘はその形成開始年代は解明されていないものの，地球46億年の歴史の中では非常に新しいものである。先ほど紹介した砂丘ガイドツアーでは，砂丘を広く使って砂丘の成り立ちや特徴，生態系，文化まで幅広く紹介している。これまで幾度となく砂丘を訪れている鳥取在住のツアー参加者から「砂丘には何度も来ているが，改めて話を聞きながら見ると知らないことが多いことがわかった」という感想を得ることが多い。

ジオツーリズムは景観に親しむ観光でもある。鳥取砂丘を訪れる観光客のほとんどは馬の背までの一直線ルートを，砂丘の微地形や動植物の生態，人との関係を見過ごしながら歩く。そこに，砂丘ガイドツアーや拠点施設での解説のように砂丘の持つ学術的価値や社会的意味，景観観察のポイントを観光客と共有することで，見るだけでは気づきにくい景観の中にある物語を観光客が知ることとなり，このことは砂丘観光における観光客との間の新たな価値創造に繋がっている。ゆえに，地形や地質が観光コンテンツとして魅力的なものになるには，ガイドや施設のインタープリテーションが重要となるのである[2]。

● 鳥取砂丘のジオツーリズム

　鳥取砂丘は女性にとって魅力的な観光のコンテンツとなっているだろうか。ここでは筆者の勤務大学の学生との砂丘巡検の中から探っていこう。実施した巡検は，まず鳥取砂丘ジオパークセンターで解説員の解説を聞き，つぎに砂丘内を1.5時間程度，教員やガイドとともに散策をするという標準的な砂丘のガイドツアーコースである。

　鳥取砂丘ジオパークセンターでは，風紋発生風洞装置を使って解説員と学生がコミュニケーションをとりながら，風紋やスリバチ地形の形成について学習する（図10-4）。ここでは男子学生も女子学生も態度に差はなく，皆が解説員の話にじっと耳を傾ける。砂丘の中へ入ると，まず市営駐車場の階段を登り，鳥取砂丘が一望できる地点へ行く。そこでは各自が砂丘の景色を見ながら写真を撮ったり，ラクダを眺めたりしながら過ごす。そこから西に向かってスリバチ地形へと歩きながら風紋やキツネやタヌキなどの動物足跡を観察する。スリバチ地形へやってくると，希望者はゆっくりと砂の斜面を下っていく（図10-5）。男子学生は嬉々として飛び込んで行くが，女子学生は恐る恐る足を進めるのが特徴的である。もちろん，男女とも，これに参加しない学生もいる。

　その後，火山灰露出地を目指し，砂丘植物を観察しながら歩き，火山灰露出地では粘土質の土を手に取ったり，砂地との歩きやすさを比較したり，また，土器の破片探しなどに興じる。ここでも楽しみ方は個人の興味関心が主たるものであり，性差は見られない。そこから，馬の背に向かってオアシスを観察しながら歩いていき，馬の背で日本海を眺め，一路砂丘入口へと戻って行く。

第 10 章　ジオパークと女性

図 10-4　鳥取砂丘ジオパークセンターでの解説
(2016 年，筆者撮影)

図 10-5　追後スリバチで斜面をくだる学生
(2015 年，筆者撮影)

　砂丘巡検後，学生に感想を聞くとその多くは「砂丘には来たことはあるが，こういった場所があるとは知らなかった」「砂丘の見方が変わった」と言う。そこに性差は見られず，男子学生も女子学生も共に楽しめる教育旅行コンテンツとなっていると思われる。ただし，これはどの学生にも該当することではない。こういった自然観光を苦手とする学生は「ただ疲れただけ」との感想を漏らす。つまり，鳥取砂丘における地形・地質的特徴はこれを楽しむことへの性別上の偏り

はあまりなく，どちらかといえば，個人の経験や興味関心によるところが大きいと考えられる。

● 鳥取砂丘におけるジオツーリズムの担い手

鳥取砂丘におけるジオツーリズムの担い手は，直接観光客へサービスを提供する鳥取砂丘ジオパークセンターやNPOなどの砂丘ガイド，砂丘レンジャー，観光案内所や砂の美術館の職員，アクティビティや土産物，飲食店などの民間観光サービス業従事者である。土産物や飲食店においては女性の就業割合が圧倒的に高いものの，砂丘ガイドにおいては男女割合に大きな開きはない。

砂丘の保全と活用における意思決定には行政の存在が欠かせない。とくに日本のジオパークは行政主導でのジオツーリズムの促進が図られてきた。鳥取砂丘においても同様で，県や市が予算措置を講じ，拠点施設の整備，看板設置などを通じてジオツーリズムの振興に注力してきた。また，保全については巡視や除草作業，堆積した砂の掻き出しなどを行い，砂丘景観の維持を行っている。

一方で，砂丘周辺の民間事業者はジオパークに消極的な対応である。これは「煮えたら食わぁ」という因幡の商慣行を表した言葉にも示されているが，ある程度，収益が上がる見込みの事業であるとの確証が得られない限り，新規参入をしない傾向にある。実際にヒアリングでも「ジオパークとなって何をしたらいいのかわからない」，「ジオパークは関係ない」，「興味がない」などの回答が得られ，従業員教育においてジオパークが積極的に活用されているとは言いがたく，砂丘で直接観光客にサービスを提供する多くの女性従業者に対するジオパークや鳥取砂丘に関する学習機会の確保がなされていないのが現状である。

3　ジオパークの普及啓発と女性

● ジオパークにおける雇用と女性

ここからは筆者の経験に基づき，ジオパークの担い手と女性について見ていこう。日本のジオパークマネジメントは一部を除いて，行政主導の推進協議会方式を採用しており，その事務局は行政職員，専門員，嘱託職員で構成されている。

この事務局がガイド団体，地域団体，学校，民間事業所など様ざまなアクターとの協力関係を結び，日常的な活動を実施している。

　筆者が調査研究を始めた2009年時点で，日本には10か所の日本ジオパークがあり，そのうち糸魚川・洞爺湖・有珠山，島原半島の3か所が世界ジオパークであった。ジオパークは地形学や地質学の専門知識が必要となるため，地質学や火山学の博士号を取得した若手研究者の専門研究員としての雇用が始まったのもこの頃である。

　日本におけるジオパーク活動が始まった当初は，直接ジオパークや行政に雇用される女性の専門員はわずか1名であったが，その後，ジオパークの増加と活動の進展に伴い，地形学や地質学だけでなく，その隣接分野である植物学や人文地理学，歴史学，民俗学などジオパークが求める学問領域が拡大していった。それに伴い，専門員は多様な学問分野の若手研究員が行政に研究員や地域おこし協力隊として雇用されるようになった。

　例えば，室戸ジオパークではジオパーク活動が始まった当初は地質専門員の男性1名が雇用されていた。その後，男性の地理専門員を雇用し，地質や地形と人の暮らしについてのストーリー作りと観光コンテンツ開発を地域住民とともに進めた。世界ジオパークを目指していた室戸では，専門員として地元女性を，また世界ジオパーク認定後には国際交流専門員として国際開発を専門とする女性が雇用された。

　ジオパークでの雇用は安定的な職業とはなっていないことが多い。というのも，多くの日本のジオパークでは単年度もしくは複数年度の有期契約となっており，その給料も同年代の大学等での専門職・研究職と比較すると，必ずしも同等のものとはなっていない。この制度はポスドク問題を抱える日本の若手研究者の雇用や流動性を確保することができるというメリットがあるものの，その一方で，待遇面等での課題を残すものとなっている。

　先述の室戸ジオパークで雇用された3名の専門員はその後，転職をしている。地質専門員は他機関で地形や地質に関する文化財担当職員となった。地理専門員は大学教員となり世界ジオパークの現地審査員としても活躍している。国際交流専門員は日本ジオパークネットワークの事務局で海外との折衝を行うようになった。このようにジオパークでの経験が研究者のキャリア形成に大きく関係してい

る事例も見られるようになった。

　筆者が属する山陰海岸ジオパークでは2010年に地質専門員として堆積学を専門とする若手男性研究者が兵庫県に雇用され，その後，国際交流やデザイン等を担当する有期雇用の非常勤職員の女性2名が地元から雇用された。そのほかの運営スタッフは構成自治体からの出向職員で構成されている。

　地質専門員はジオパーク内で地域住民とともに散策マップの作成やサイト開発を行い，デザイン担当の女性は，チラシ・パンフレット，山陰海岸ジオパークすごろくの作成などを行い，国際交流の女性は2015年に開催されたアジア太平洋ジオパークネットワーク山陰海岸シンポジウムで大いに活躍した。

　なお，その後，地質専門員は地元公立大学の大学院開学とともに異動し，有期雇用の非常勤職員の女性は2名とも退職した。両者ともに高い評価を得ていたものの，結果として継続した雇用には繋がらなかった。なお，現在は新たな地質専門員として同大学院を修了した女性研究者が1名，国際交流やデザイン担当の非常勤職員として地元の女性2名が新たに雇用されている。

　このように日本ジオパークではジオパークの増加に伴い，行政にジオパークのスタッフとして直接雇用される研究者や地元住民が増加し，女性の雇用も進んだが，専門員の大半は男性が占める。そもそも，ジオパークの専門員という職業は女性の就業を目的としたものではなく，ジオパーク数の増加と必要とされる学問領域の拡大に伴い，若手研究者の雇用機会が増加したためである。

　実際に，ジオパークにおける雇用の男女差は存在する。というのも，正職員と有期の非常勤職員の間に待遇面での大きな差があり，結果としてこのことがジオパークにおける雇用の男女差を生じさせているのである。学芸員や専門員の正職員の募集には大学院で博士号や修士号を取得した研究者の応募が男女ともに見られ，地質学関連学問の博士号を取得した男性研究者が採用される傾向にある。これはジオパークが地形・地質遺産の保全保護と活用を目指すプログラムであり，それを専門とする研究者を必要とすることやそもそも地形学や地質学分野に女性研究者があまり多くないことに起因する。

　非常勤職員のように低賃金で，かつ，再契約なしの有期雇用の場合，男性の応募割合は正職員に比較すると低下し，結果として地元の女性が採用される割合が上昇する。これはジオパークに限らず，他業種でも同様の現象が見られるもので

あろう。有期雇用の非常勤職員として雇用される人に求められる能力がデザインや英語という，非常に専門性の高い職務であるにもかかわらず，これらの職に対する評価や対価が十分ではなく，雇用期間が終了すると再雇用できないのが現状である。このことが結果としてジオパークにおける再雇用のない有期雇用の非常勤職員に地元女性が多く従事し，彼女らが行政の有期雇用の嘱託職員の中で転職をすることにつながり，ジオパークの雇用におけるジェンダーの不平等を生み出しているであろう。

● 筆者の経験

　ここからは筆者の経験について紹介しよう。筆者の事例は，経路依存的にジオパークへ参加し，そのことが研究職としてのキャリアの形成に大きな変化を与えたことを意味する。筆者は大学院修了後，2009年に鳥取県にある地域シンクタンクへ就職し，最初に担当した業務がジオパークの普及啓発にかかる調査業務であった。それまで「第三次産業の成長に伴う都市の変容」をテーマに研究していた筆者にとって，ジオパークは未知なる研究領域であった。そこで，まず初めに先行地域である島原半島ジオパークでの調査を行った。そこから，ジオパークでの調査活動や普及啓発に向けた執筆活動，地域活動を続ける中で人脈が広がり，山陰海岸ジオパーク推進協議会の学術部会や地域産業部会，学会の委員，日本・世界のジオパーク現地審査員など，徐々に山陰海岸ジオパークでの意思決定やそれに関連した活動に関与するようになっていった。

　ジオパーク関連の活動では「研究者」であることを意識することはあっても，「女性」であることを意識することは少なかった。その中で，「現代観光の成功の可否を握るのは女性観光客であり，女性目線のコンテンツ開発が必要である」との助言を受けた際，正直困惑したのを覚えている。筆者自身，「女性目線」とは，女性に対して外から与えられるものであることを経験した。

　その後，筆者は山陰海岸ジオパークの湖山池というジオサイトに深く関わるようになる。そこでは，まず拠点施設の展示パネルの作成から始まった。湖山池は湖山砂丘と末恒砂丘が発達によって日本海から切り離された潟湖である。地形学的な説明はそれに加え，その面積や水深，汽水域であるという水質などの紹介であるが，ここに人文地理学的観点を導入し，この池と人々の暮らしについてのジ

オストーリーを古代から現代まで構築していった。

　池と周辺住民の生活史を紐解く中で，二人の女性の記録を手に入れることができた。戦後，砂丘農業に従事しながら家族を養った女性の記録には，畑でスイカを生産し，収穫後はリヤカーに乗せて鳥取市内へと行商へ出かけたとある。当時，畑の水やりは女性の仕事であり，浜井戸から一斗缶に汲み，毎日何度も水やりした。水やりは「嫁殺し」と言われるほど，過酷な労働であった。

　一方，山の集落から池の集落へ嫁いだ大正生まれの女性の記録を見ると，山での生活は貧しいが，池へ嫁ぐととても裕福な暮らしができる。ゆえに，池の集落へ嫁いだ方が良いと言われていた。湖山池では当時，伝統漁法の追い込み漁である石がま漁が行われており，そこで取れる鮒や鯉は冬の鳥取市民のタンパク源として貴重なものであった。

　その後，砂丘農業が行われていた湖山砂丘では鳥取大火による罹災者の仮設住宅の建設や，戦後の住宅需要の高まりによって，宅地開発が進み，農業景観は住宅景観へと転換した。石がま漁も流通や冷凍技術の発達，人々の嗜好の変化もあり，担い手が減少，現在では保存のための漁のみが行われるに至った。

　このような2名の女性の記録を湖山池のジオストーリーの一つとして位置づけ，ガイドツアーや講演会等で紹介している。女性を主人公にした物語に対する反応は様ざまであるが，女性のツアー参加者からは共感を得ることが多い。この話を紹介した時には「私の祖母が似たような話をしていた」など記憶との結びつきも見られた。地形・地質遺産とそれを取り巻くストーリーの紹介を通じて，興味関心や共感を得ることはリピーターの確保にもつながっている。

　実際に筆者がガイドとして参加するジオツアーは中高年女性のリピーター客が多く，彼女らは夫や孫と共に参加する場合が多い。彼女らに話を聞くと，「このジオパークのバスツアーは，価格も安く，日帰りで参加しやすい。また，これまで知らなかった鳥取や山陰海岸地域を知ることができ，（サイトを歩くため）運動にもなり，他の参加者とも話ができて，とても楽しめる」との感想が得られた。このように意図せずとも女性のリピーター客を獲得できたことは，価格や時間帯などの利便性が確保されたツアーであったことに加え，地形・地質遺産とそのストーリーのアレンジ方法や伝え方によって，ジオパークは女性も楽しめる観光コンテンツになることがわかり，大きな収穫であった。

とはいえ，「筆者の活動は女性目線での活動か」と問われると大いに疑問が残る。「女性目線」というよりも，「研究者」としての意識が強いのは先述のとおりである。つまり，筆者の活動に結果として「女性的なもの」が見られるのかどうかは今後の検討課題であるが，現時点では筆者は女性研究者に対し，ジオパークにおける一つの研究職のロールモデルを示しているものと言える。

4 これからのジオパークと女性

● 「ジオ女」の活動

近年「ジオ女」という活動が東京で始まった。これは「女性目線」でのジオパークの楽しみ方の提示を目的としており，SNSやネットワーク活動の中で展開されている。ここで活動する女性はピンク色のTシャツを着用し，ジオカフェを組織し，岩石をモチーフにしたネイルなどを紹介したりしている。

「ジオ女」の活動から見える「女性目線」というのは，女性性やファッション性，デザイン性を意識したジオパークにおけるコンテンツ開発である。こうしたアプローチは今まであまり行われておらず，活動実績の蓄積が待たれる。

● ジオパークにおける女性

鳥取砂丘の事例で見たように，地形・地質遺産という一見，女性が取っつきにくい観光コンテンツであっても，実際にサービスを提供すると男女問わずに興味関心を持つ。ゆえに，これは性差によるものではなく，個人差によるものと考えられる。

ジオパークでの女性の関わりは直接的にも間接的にも多岐にわたる。ジオパークの活動に参加する女性は先述のとおり，研究職，非常勤職員，拠点施設のスタッフ，民間サービス業に従事する女性などがいる他にも，ジオパークのガイドとして学習と経験を積み，ビジネスに活かし，生きがいとしている女性も数多くいる。ジェンダーの平等を目指すユネスコの理念に沿っているとも思われるが，待遇面やそのポジションには改善の余地があろう。

というのも，ジオパーク活動の担い手に着目すると，結果的に男女差が生じて

いる。これは男性が常勤の専門職として多く雇用されているのに対し，女性が非常勤の専門職や小売店・飲食店従業員である点に示されている。非常勤職として雇用される職務内容がデザインや語学などの高度な専門性を求められるものであるにもかかわらず，これらに対する十分な待遇や賃金が確保されておらず，結果として地元女性が行政の嘱託職員職の中で転職活動を展開することにつながっている。また，観光サービスの従事者の多くが女性であり，彼女らには十分な学習機会が確保されていないという課題も浮かび上がってきた。

キャリア形成という観点から見ると，何も知らないところから始まった筆者のジオパークにおける調査研究，地域活動が，現在のキャリアに大きく関係している。これは筆者だけでなく室戸の事例にも示されていたであろう。これまでの大学や研究所といった研究者が歩んできたキャリアパス以外の形態として一種のロールモデルを示しているであろう。

これからのジオパークを考えた場合，有期雇用問題を構造化させないためにも，専門的な職能に対する待遇改善，観光サービス業をはじめとした多様な就業者への学習機会を確保していくことが必要であろう。もちろん，これらの問題はジオパークに限ったことではなく，現代の日本社会で見られる構図である。ユネスコの正式プログラムとなった今がそのチャンスであり，ジオパークで変化を促す取り組みを率先して行うことで，ジェンダーの平等に近づくことができるのではないだろうか。

✪ 考えてみよう

1. 身近にある地形・地質遺産の特徴やジオストーリーを調べ，誰でもが楽しめる観光コンテンツにするための方法を考えてみよう。
2. ジオパーク関連の雇用は結果的に男女差を生み出している。ジェンダーの平等が求められる現在，この差の解消に必要な方策を考えてみよう。
3. 観光開発における「女性目線」とは何か。様ざまな「女性目線」で開発された観光メニューや商品を調べてその特徴をまとめてみよう。

[注]
1) ディーニュ宣言（地球の記憶権利宣言，International declaration of the rights of the memory of the earth）とは1991年にフランスのディーニュで開催された第1回地質遺産保護に関する国際シンポジウムで採択された宣言書である．
2) 鳥取県は2008年に「日本一の鳥取砂丘を守り育てる条例」を制定した．ここでは鳥取砂丘の保全と再生のために落書きや花火，ゴミのポイ捨てといった禁止行為と違反者に対する罰則規定を定めている．
3) ここで注意しておきたいのは，これは観光客数の増加を誘発するものではない．鳥取砂丘は鳥取県最大の観光地であり，鳥取のマスツーリズムを支える一つの観光地であるが，ジオパークとなり砂丘解説が充実したからといって，観光客が倍増するわけではない．観光客数という数の問題ではなく，砂丘へ来た人の満足度という質を上げるためのものであり，砂丘が持つ地形・地質的な特徴が観光コンテンツとなりうることを示唆するものである．

[引用・参考文献]
・エリオット，J. A. 著／古賀正則訳（2003）『持続可能な開発』，古今書院．
・鳥取砂丘検定実行委員会（2012）『鳥取砂丘まるごとハンドブック』，今井書店．
・Hose.T.A. (2010). Geotourism-Appreciating the deep time of landscape, Novelli, M. eds, *niche tourism contemporary issue, trends and cases,* pp27-37.

第 11 章

東日本大震災の被災地における観光の変化とその担い手としての女性

庄子真岐

　こちらの写真は，東日本大震災の被災地である宮城県石巻市の日和山公園から2017年2月に撮影した写真である。皆さんは，どのようなイメージを持たれたであろうか。東日本大震災から6年の月日が流れた。ハード面の復旧，復興が急ピッチで進められ，現在の被災地は，語弊を恐れずにいえば被災地らしさは感じられない。一方，多くの犠牲者を出した被災地におけるソフト面での復旧，復興は，被災地の地域間によって温度差が生じつつある。時間とともに震災前よりも早いスピードで変化を遂げてきた被災地であるが，被災地における「観光」も変化が著しい現象の一つであった。そこで，本章では，被災地の観光がどのように変化してきたのか，そして，そのような変化のなかにおいて，女性がどのような役割を担ってきたのかを被災地案内ガイドとして活躍する女性へのインタビューを通じて紐解いていきたい。

1 東日本大震災の被災地（石巻圏域）における観光の現状と取組み

● 本章で取り上げる対象地域

　石巻圏は，宮城県の北東部に位置し，宮城県第2の都市石巻市と隣接する東松島市，女川町の2市1町で構成される（図11-1）。東部は，リアス式海岸の南三陸金華山国定公園，北西部には，仙台平野に続く肥沃な耕地，南西部は，日本三景である「松島」に隣接した自然に恵まれた地域である。とくに黒潮と親

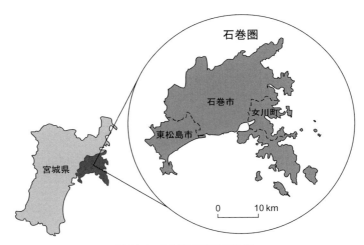

図11-1　宮城県石巻圏の位置

表11-1　石巻圏域被害状況

	人口	世帯数	人的被害 (死者＋行方不明者)	人的被害 割合[1]	住家被害 (全壊＋半壊)	物的被害 割合[1]
石巻市	148,665	60,553	3,975 名	24.7	33,086	57.2
東松島市	40,270	15,356	1,152 名	26.9	11,077	79.0
女川町	6,859	3,152	872 名	86.8	3,273	82.5
参考（平均値）				15.2		26.4
（中央値）				8.3		21.7

（各自治体公式ホームページ2016年1月現在の統計データ，宮城県危機対策課「震災被害状況データ」2016年2月1日公表より筆者作成）

潮がぶつかる金華山沖を背後に控えることから，世界三大漁場となっており，全国でも有数の水産加工業集積地でもある。震災前における観光面では，三陸海岸の景勝地でもある牡鹿半島や金華山の自然資源，各地域に根差した歴史資源，豊富な水産資源を活用した体験・交流型の観光メニューが展開されはじめていた。

当圏域は，東日本大震災の被災地のなかでも，被害の程度が大きかった地域である（表11-1）。震災後，全国から延べ40万人以上[2]のボランティアの方が訪れ，住民とともに地域の復旧，復興の大きな力となった。

● **観光の現状**

石巻圏域の観光客入込数，宿泊観光客数の推移を図11-2に示す。震災が発生した2011年は，被害の影響が色濃く，交通機関，宿泊施設が機能せず，入込数，宿泊客数ともに激減した。2012年，2013年と順調に回復してきたものの，2014年には，前年比の伸び率が鈍化した。震災から4年が経過した2015年は，東北最大都市圏である仙台からのアクセスが改善され[3]，観光客入込数，宿泊観光客数ともに前年比の伸び率が回復するものの，震災前の水準には未だ戻ってい

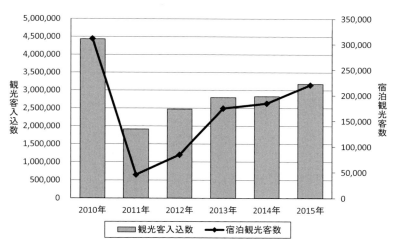

図11-2　石巻圏観光客入込数・宿泊観光客数推移
（宮城県観光統計概要のデータより筆者作成）

ない。

● 石巻圏域における観光ニーズの変化

　観光入込数，宿泊客数動態から，石巻圏域における観光ニーズの変化を探っていきたい。まずは，2014年にそれまで順調に回復してきた観光入込数と宿泊客数が前年比とほぼ同程度であった理由である。その一つとして考えられるのが，震災後の支えとなった復興関連業務の減少であった。実際に，2014年（1月～12月）宿泊旅行統計調査では，宮城県における観光目的の宿泊者数は前年比5.6％プラスと回復傾向にあるが，業務目的の宿泊者数は前年比16％マイナスと大きく数字を落としている[4]。もう一つは，「被災地の様子をこの目で確かめたい」という被災地訪問ニーズの減少である。石巻市においては，震災後，このニーズに対応すべく様々な団体や個人が受け入れを行ってきた。そのなかで，特徴的な二つの団体を紹介する。二つの団体が展開するプログラムの利用者数の推移を図11-3に示す。

　一つめの団体は，震災後最大の視察者を受け入れた石巻観光ボランティア協会である。本団体の発足は，1996年，宮城県慶長使節船ミュージアムのオープンを機に，サンファンバウティスタ観光対策協議会と石巻市の観光課がボランティ

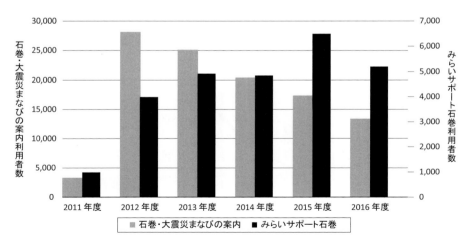

図11-3　震災・防災関連プログラム利用者推移
（石巻観光協会のデータおよび公益社団法人みらいサポート石巻の資料より作成）

アガイドを養成することを目的に設立された団体である。震災以前から，市内の案内のほか，観光客の観光プラン作成などを手掛けていた。震災以降は，「石巻・大震災まなびの案内」と題し，市内を1～1.5時間ほどかけて甚大な被害を受けた沿岸を巡るプログラムを提供してきた。本プログラムは，ガイドが来訪者のバスに乗車して説明をするスタイルをとっており，2015年までは個人客への対応は行っていなかった。2012年，2013年と年間2.5万人を超える受け入れを行ってきたが，2014年以降利用者が年々減少し，2016年には，ピーク時の半数となっている。

　二つ目の団体は，公益社団法人みらいサポート石巻である。本法人は，東日本大震災発生後に「NPO・NGO連絡会」の事務局機能を担い，同年5月に前身となる「一般社団法人石巻災害復興支援協議会」として設立された。震災発生後の緊急対応期の活動内容は，ボランティアが円滑に活動を行うための調整やサポート，避難所の衛生改善事業，入浴支援事業等多岐に渡った。復興のフェーズが変化するのに伴い一方的な「支援」ではなく，地域で活動するリーダーや団体と共に石巻を支える活動に移行していった。2015年7月には，公益社団法人となり，現在は「震災伝承の連携」を活動の柱にしている。そのようななかで，震災伝承のためのコンテンツを整備し，それらを多様な形式で提供してきた。具体的には，震災の記憶を後世に残すための展示が中心となった情報拠点「つなぐ館」の開設，津波の映像とともに震災時の体験を話してもらう語り部プログラム，来訪者の車やバスに同乗し市内を案内する車中案内，石巻市中心部の特定の地点を震災前から未来まで時系列に沿って比較できる写真や実際の津波高，および被災者の体験談も聞くことができるアプリ「石巻津波伝承AR」を活用した防災まちあるきなどを実施している。参加者内訳の特徴的な推移は，アプリを活用した防災まちあるきへの参加者が増加していることである[5]。その要因として，来訪者のインタラクティブな体験を創出することができたことを挙げている[6]。震災から一定の月日が経過し，被災地をこの目でみるというニーズは今後も減少していくことは想像に難くない。これは，被災地における観光ニーズが，被災地側からの一方的な情報提供による学びから，双方向なもの，すなわち，「被災地での交流や体験」に変わりつつあることを示唆しているのではないだろうか。一般的な観光ニーズが物見遊山から体験・交流型へと多様化

していったのと同じ流れである。

● 震災後の取組み

当圏域では，東日本大震災を機に，市町村ごとに進められてきた観光振興の取組みを見直し，地域一体での取組みが推進されている。具体的には，石巻圏周遊観光促進協議会を組織し，石巻地域観光圏整備計画を策定，事業を実施している。当計画の基本方針の概要を以下に示す。

(1) 三陸の海ともにある 石巻圏シンボル・イメージを再構築する
(2) 子どもから大人まで，震災・防災，復興の喜び，自然の恵み，生活文化などを学ぶ・体験する観光を推進する
(3) 石巻圏と深くとつながる観光客を迎え入れる
(4) 地域産業と結びつく観光を推進する
(5) 石巻圏の歴史・生活文化，震災の記憶などを，地域住民が語り継ぐ観光を推進する

基本方針の内容から，震災・防災からの学び，地域資源，文化の体験をコンテンツの柱とし，観光客と担い手である住民が一過性ではない継続的な交流を図っていくことが，当圏域が目指す観光のあり方であることが示唆されている。

2　被災地における観光の担い手としての女性

被災地における観光では，被災地としての観光ニーズがあり，そのニーズも時の経過によって変化してきたことが読み取れた。ここからは，「観光と女性」という本書のテーマに合わせ，そのような被災地において女性がどのような役割を担ってきたかについて議論を移していきたい。

● 被災地ガイドを務める女性たち

筆者は，被災地でガイドを務める女性たちにインタビュー調査を行ってきた。インタビューの内容からみえてきた女性だからこそできた観光ニーズへの対応や新たな展開，そして被災地おける「震災からの学び」を観光コンテンツとして継

第 11 章　東日本大震災の被災地における観光の変化とその担い手としての女性

続的に展開していくための課題に触れていきたい。

　本章では，インタビュー調査を行った方のうち，震災後にはじめてガイド活動をしている方を取り上げる。なぜなら，被災地での観光展開を考える上で，新たな観光ニーズに対応するための担い手の育成は，被災地共通の課題でもあるからである。インタビューに応じてくれたのは，前述の公益社団法人みらいサポート石巻と東松島市で活動する奥松島観光ボランティアの会のなかで被災地視察ガイド案内[7]を担当する方である。インタビュー対象者の詳細を表11-2に示す。

　前者に所属する女性は，震災後，ボランティア活動をきっかけに石巻に入り，移住してきた外部者（よそ者）である。現在，フルタイムのスタッフとして就業している。一方，後者に所属する女性たちは，地域住民である。有償のボランティアガイドとして活動を行っている[8]。以下では，彼女たちの活動の動機・きっかけ，活動を通してのやりがい，活動上の苦労や課題，女性として活動をしていく上での障壁，今後の活動予定について，インタビュー内容をまとめ，得られた知

表11-2　インタビュー対象者のプロフィール

	F氏	M1氏	M2氏	S氏
所属法人・団体	みらいサポート石巻	奥松島観光ボランティアの会	奥松島観光ボランティアの会	奥松島観光ボランティアの会
職掌	常勤理事	ボランティア	ボランティア	ボランティア
活動内容	渉外担当 車中案内 防災まちあるきプログラム 語り部、出張語り部のサポート	震災学びのガイド	震災学びのガイド	震災学びのガイド
年齢	30代	60代	50代	40代
震災前居住地	神奈川県横浜市	東松島市	東松島市	東松島市
震災前経歴	一般企業での事務	民宿経営	農業 一般企業での事務、身内の介護など 絵手紙のサークル活動など	一般企業での事務など
家族構成	未婚	既婚、子3人（独立）、孫2人	既婚、子3人（独立）	既婚、子2人

見を精査する。

○活動の動機，きっかけ

　高校2年生で阪神淡路大震災の惨状をTVで見たものの，何もできなかったことに後ろめたさを感じていたことが，東日本大震災の発生時走馬灯のように頭をよぎりました。ボランティアに行く事を決意し，2011年のGWにピースボートが拠点を置いた石巻に来ました。GWが終わった後，横浜に戻りましたが，その後も継続的にボランティア活動に関わってきました。7月末に当団体の前代表から，スタッフにと声をかけられました。無償のボランティアだと断続的な支援しかできないこと，「交流人口を拡大して石巻に賑わいを作りたい」という前代表の想いに共感し，2011年7月末に移住を決意しました。（F氏）

　民宿を津波で失い，断腸の思いで廃業を決意し，毎日を必死に過ごしていた頃，奥松島観光ボランティア協会の方から被災地に多くの方がいらっしゃるので，案内をしてほしいとの依頼を受けました。民宿を営んでいた宮戸地区を元の観光地に戻したいという想いから，今できることは，遠方から来てくれる方々のニーズに応えることではないかと考え，引き受けました。（M1氏）

　震災前の2010年に奥松島を案内してほしいという依頼を受けていましたが，ガイドの経験なく震災にあいました。震災後の8月に奥松島観光ボランティア協会の集まりがあり，再びガイドをしてほしいといわれ，観光客を取り戻したいという想いで9月から始めました。（M2氏）

　奥松島観光ボランティアの会には名前だけ登録していました。震災後，石巻で働いておりましたが，父が認知症で8時間の労働ができなくなり，仕事を辞めました。事務局の方とつながりがあり，ガイドの依頼を受けました。地元のことがよく分からなかったので，勉強を始めました。2015年の秋より活動しております。活動してきての想いは，「また観光地として人を呼び込みたい」ということです。（S氏）

移住者であったF氏も含め，活動の動機は，地域に対する「復興：交流人口拡大による賑わいづくり」への想いで共通していることが読みとれる。震災後の被災地における案内ガイドは，観光・来訪ニーズに応えるものであると同時に地域に対する復興への想いを形にする「場」として機能していることが伺える。

○活動を通してのやりがい

　一つめは，地域の語り部さんが，お客さんとのつながりや，何度も話す事で自分達の経験を話す意味を自分達で見出し，「次の震災で同じ悲しみを経験する人たちを減らそう，話すことは次の災害の時に命を守ることにつながる。また話すことで自分達自身も少しずつ癒される，冷静になれる」と言って，このプログラムにご協力してくださっていることです。その姿や新しいプログラムを作る際には，少しでもいいプログラムにしようと積極的に意見を言ってくださる姿勢などもやりがいにつながっています。また，協力してくださる地域の方が少しずつ増えてきていることです。二つめは，そのことがお客さんに伝わり，「良いプログラムだった」と言って頂き，何度もリピーターになってくださることです。(F氏)

　多くの出会いがあり，震災後の支援に対する感謝の気持ちを伝えることができるため，やりがいを感じています。うちに籠っていたのでは，多くの人に感謝の気持ちは伝えられません。今やっていることが私の暮らしの一つになりました。お客様とのつながりも生まれています。特産品を贈りあったりしています。それに対するお礼の電話などそのやりとりが楽しみであり，お客様と気持ちが通じることが喜びです。(M1氏)

　名刺をもらった方には，お礼状を書くようにしていました。震災前に市民センターで絵手紙のサークル活動に参加していましたので，絵手紙で送っています。それがきっかけで，多くの方と継続的なつながりが生まれました。山形県東根市の方とは，お互いの家を行き来し，ルールを決め，多忙な時期，相互にボランティア活動をしています。東松島に来てもらった時には，「のり」や「牡蠣」を，私たちが山形に行った時には，「りんご」や「さくらんぼ」をお勧めしあうなど物産を通

した交流も行っています。そのやりとりが楽しいです。震災で失ったものも多いですが，それに匹敵ではないけれど，また別の意味で，得たものも大きいです。今はこのやりとりが財産です。(M2 氏)

　　震災当時から現在までの様子を伝えられるということです。また，奥松島を見てもらえること自体に感謝しています。(S 氏)

　移住者である F 氏は，地域の方が想いを語れる「場」を作り，その想いが相手に伝わり，その反応が語り部さんの「やりがい」につながっていることに，一方，地域住民である M1 氏，S 氏は，震災後の支援や来訪してくれたことに対する感謝の気持ちを伝える「場」があることにやりがいを感じていることは興味深い。語弊を恐れずに言えば，前者は地域に対して，後者は地域から外に対して何らかの貢献がやりがいにつながっていると言えよう。また，地域住民である M1 氏，M2 氏は，多くの方との出会いも活動の源泉になっており，さらにお礼状や電話でのやりとりを楽しみながら継続的な交流につなげている。2012 年の文化庁国語に関する世論調査によれば，人とのコミュニケーションにおいて重視することとして「相手との人間関係を作りあげながら伝え合うこと」を指摘した人の割合は，男性よりも女性に多い[9]。細かなやりとりのなかで人間関係を構築し，継続的なつながり，交流へと発展させてこられたのは，女性としての特性が活かされた結果ではないだろうか。被災地における観光ニーズは，一方的な学びから双方向の学びに変化しており，お客さんとの継続的な交流はそのニーズの芽ともなる可能性がある。また，当圏域が目指す「石巻圏域と深くつながる観光客を迎えいれる」素地になっているともいえる。

〇活動上の苦労や課題

　　私自身が，被災していないことです。私は被災していませんが，お客様は被災した人に案内してほしいと思っています。ウェブサイトなどに，車中案内や防災まちあるきは「スタッフ」が行うと書かれていますが，なぜか「語り部」が行う (=「被災者」が行う) と，読み替えられてしまいます。また，旅行会社の担当者には，稀

ですが，私たちを下請けというような扱いで，自分達ではあまり調べず，こちらに調べるよう指示をしてくるような人がいます。（S 氏）

　今年からは，4名で活動しています。活動を継続できるのかなと思うのですが，この被災地が今どのように変わっていくのかな，復興していくのかなということに興味があってお客さんはきてくださるので，その方々がいるかぎり，私は，続けていきたいと考えています。
　ガイドを引き受けた際，はじめに取り組んだのは，説明用にと用意されたパネルに分かりやすく伝えるための言葉を加えることでした。被災状況を調べ，最新の情報なども頭に入れ乗車しましたが，お客様を前にすると，準備したメモすらも読めませんでした。降りてからあれも話すべきだった，これも話すべきだったと反省し，話す内容を考え，何も見ずに話せるよう練習もしました。震災から6年が経過した今は，復旧・復興が進む中で震災前の様子を伝えることが難しくなっています。そのため，伝えなければいけないことは，ゆっくり，お腹に力を入れて話すなど，伝え方に工夫をしています。（M1 氏）

　たまたま震災の前の日から新聞を残しておりました。市報もあったので，これらを何度も繰り返し読みながら，自分のものにしないと相手に伝わらないと思い，覚えました。先輩ガイドのバスに乗車して勉強もしました。今日まで反省も落ち込みもしましたが，ようやくここまでくることができました。（M2 氏）

　ガイド活動を行うため，新聞などを以前よりも丁寧に読むようになりました。難しい言葉がある場合には，その内容について問合せをしたりして，情報を整理しています。（S 氏）

　移住者であるF氏は，よそ者である自分が被災地を案内する事に負い目を感じていることが伺える。しかし，観光の展開には，よそ者の視点を活かすことが重要であり，よそ者の方に活やくしてもらうためには，地域としてもこのような点に配慮していく必要があろう。
　一方，地域住民ボランティアガイドであるM1 氏，M2 氏，S 氏は，ガイド活

動を進めていく上で地域を改めて見つめなおし，学んでいることが伺える。震災後の新たな観光ニーズに応える被災地での案内ガイドが，来訪者のみならず，ガイドを務める地域住民の「学びの場」として機能していると推察される。

○女性として活動をしていく上での障害

> 旅行会社とのやりとりでは，年に数回程度ですが，電話口で「お嬢さん，できるの？」というような雰囲気で話してくる方がいます。（F氏）

> 活動をしていく上での障壁をとくに感じたことはありません。震災で何もかもを失っていたので，そのようなことを気にしたことはありませんでした。むしろ，この活動を通して外に出て，前向きな気持ちになれたことに感謝しています。（M1氏）

> 活動上の障壁を感じたことはとくにありません。市の観光物産協会を通して仕事の依頼があるので，調整をしてもらっているのだと思います。（M2氏）

> 活動上の障壁を感じたことは今のところ，とくにありません。（S氏）

渉外担当であるF氏は，より多くの組織の方とのやりとりが多いというなかで，数は少ないが，男性の女性軽視とも感じられるような態度に対して不快に感じることがあり，被災地においても一般的な社会で指摘されるものと同様の問題が生じていることが示唆される。

○今後の活動予定

> 地域の方が語り部さんとして協力してくれてきたなかで，彼らが活動できる場所を今後も確保していきたいと思っています。そのためには，ある一定以上のお客様が来るようなマーケティング戦略を考えていく必要があります。今までは，プログラムを増やしていったということでお客様が増えてきましたが，今年，当

団体が受け入れたお客様も減少に転じました。理論的な分析が必要で，そういったことをきちんと勉強していかなければならない時期に来ているなと感じております。(F氏)

　震災から時が経過するにつれ，被災地は刻々と様子が変化し，目で訴えることが難しくなってきています。また，小学6年時の修学旅行として来る子供たちが多いのですが，震災当時の年齢が小さく，理解することが難しくなってきていると感じています。今後，子供たちにどのように伝えていけばよいか改めて考えていく必要があります。(M1氏)

　先輩ガイドさんたちの活動を見て，この活動を無駄にしたくないという想いが強いです。とにかく，時間を調整して，活動を継続していきたいと思います。私にとって奥松島は大事な地域，被災地として語り続けていきますが，前の姿（観光地）に戻すために，地域をしっかり売り込んでいきます。(S氏)

　F氏の発言からは，地域への貢献と法人としての活動の継続性を追求していることが伺え，それらを実現するために自らのキャリアアップにも繋がる学びを模索していることが確認できた。

　M1氏は，時とともに変化する被災地のガイドという仕事の難しさを体感し，それを克服するための取組みを指摘する。この指摘から，将来を見据えた課題を浮き彫りにするスキルを身に付けていることが見受けられる。

　S氏の発言からは，来訪者に被災地としてではなく観光地として認識してもらうことを目標としていること，活動を通じて，活動の動機となっていた地域に対する想いや誇りを一層強めていることが確認できる。

3　おわりに

　ここでは，全体を通して若干の考察を加え，本章を締めくくる。震災後，被災地においては，被災地をこの目で確かめたいというニーズから被災地での交流や

体験,双方向型の学びに変化していることが指摘されてきた(中川,2015)[10]が,震災から6年が経過した現在もこの点は補強されるものである。地域では,既存の観光ボランティアガイド組織が被災地の案内プログラムを新たに設けることで,また,新たな組織が震災からの学びをプログラムとして展開することで,これらのニーズの変化に対応していた。一般的な観光地と比較すると,案内する地域,観光ニーズの変化がともに早く,求められるガイドのスキルが高度である。インタビューの内容から,震災を機にボランティアガイドさんの地域に対する想い入れが強まり,それらが活動の源泉となり,彼女たちの活動を支えていることが分かる。一方,時間的負担,お客さんとの継続的な交流は,時間的負担,金銭的負担も少なくないことが推察され,実際,これらの問題を懸念し,奥松島観光ボランティア協会の震災学びのガイドとして活動することへのハードルを高くしてしまう恐れがある。実際,新たなメンバーもなかなか加入してこない[11]。若年女性の必要性としての就業が高まるなか(東,2015)[12]で,組織の継続性を考えると,ボランティアから経済的自立の獲得を目指した就業形態への段階的な転換が求められているのではないだろうか。

　女性の特徴を生かした役割として期待できるのは,お客さんとの人間関係を作り上げながら,継続的な交流を図るということである。上記指摘のように,組織自体の継続性をおびやかす問題も孕んでいるが,コモディティ化しつつある被災地[13]での視察案内の差別化,双方向の学びを提供する観光のあり方として,彼女たちの果たす役割は大きいと考える。

✪ 考えてみよう

1. 被災地における観光の変化を地域側,観光客側から整理してみよう。
2. 上記1の変化を捉えた上で,被災地における観光のあり方を地域側の視点(展開内容,推進組織など)に立ち,議論してみよう。
3. 被災地における観光のなかで,女性が活躍しやすい「場」を構築するためには,何が必要か考えてみよう。

[注]
1) 津波被害による被害の程度を図るため，人的被害と物的被害について定量的に測定した値も含めた。人的被害については，「（死者数＋行方不明者数）／人口＊1000」，物的被害については，「（全壊棟数＋半壊棟数）／世帯数＊100」の計算式によって算出している。参考データとして，津波被害のあった市町村全体の平均と中央値をあわせて示しておく。
2) 石巻圏周遊観光促進協議会「石巻地域観光圏整備計画」
3) 2015年5月，震災により一部運転を見合わせていた仙台と石巻をつなぐ仙石線が全線復旧した。また，同線と東北本線をつなぐ「仙石東北ライン」が開業した。この仙石東北ラインの開業により，仙台―石巻間の所要時間は，従来の仙石線快速列車と比べ下りで12分，上りで11分短縮された。
4) 観光庁「宿泊旅行統計」データより。「観光目的の宿泊者が50％以上」を「観光」とし，「同50％未満」を業務としている。
5) 公益社団法人みらいサポート石巻提供資料
6) 公益社団法人みらいサポート石巻では，「石巻津波伝承AR」アプリを無償公開している。自分のスマートフォン等にインストールして自由に参照することを可能にし，自らの操作に合わせて自分が立つ場所における津波災害の異なる側面を次々と表示させることができるので，インタラクティブな体験を創出できるとされる。中川政治他（2005）「ICTを活用した仮想体験型震災学習プログラムの開発―東日本大震災で被災した石巻市における『防災まちあるき』実践事例」，地域安全学会論集，No.26, 1-8.
7) 震災後，東松島市へ被災地視察案内の問合せや要請が多数寄せられ，震災前より活動を行っていた奥松島観光ボランティアの会の観光ガイドに本市が被災地視察案内を依頼した。本来の観光ガイドに付帯した形で，被災当時の様子や被害状況の説明を実施している。本市の観光物産協会がガイドの予約等の窓口となり，受入施設・団体・店舗の紹介などの情報提供や調整を担っている。
8) 対比的に表現するならば，前者は必要性としての就業であり，後者は指向性としての活動である。
9)「相手との人間関係を 作り上げながら伝え合うこと」を選んだ人の割合は，女性（70.3％）の方が男性（58.8％）より12ポイント高い（2012年度「国語に関する世論調査」の結果の概要）。
10) 前掲6)
11) ピーク時は9名，現在は4名で活動している。
12) 東（2015）「市場，家族，労働とジェンダー―ある女性観光労働者をめぐって―」，

社会学部論叢, 25, 113-134.
13) 三菱 UFJ リサーチ&コンサルティングが平成 29 年 3 月に発表した政策研究レポート「被災地における復興ツーリズム信仰には何が必要か」では，外部要因の課題として，他の地域との競争激化等を挙げている。

[引用・参考文献]
- 大橋紹一，橋本和也，遠藤英樹，神田孝治編（2014）『観光学ガイドブック』，ナカニシヤ出版.
- 中川政治他（2015）「ICT を活用した仮想体験型震災学習プログラムの開発―東日本大震災で被災した石巻市における『防災まちあるき』実践事例」，地域安全学会論集，26, 1-8.

[資料]
- 平成 24 年度「国語に関する世論調査」の結果の概要.
- 三菱 UFJ リサーチ&コンサルティング(2018)，政策研究レポート「被災地における復興ツーリズム信仰には何が必要か」．
- 宮城県観光統計概要（平成 22 年～平成 27 年）.
- 宮城県危機対策課「震災被害状況データ」H28.2.1 公表.

索 引

事項索引

[あ 行]
アメリ　49
アラサー　26 〜 31
アラサー女子　34
イエローストーン国立公園　149
出雲大社　20
意味されるもの（シニフェ）　11 〜 14
意味するもの（シニフィアン）　11 〜 14
インバウンド　120, 130
インバウンド観光　70
浮雲　56, 59, 60, 62
NPO　145, 146, 158
NPO 法人　135, 137, 142
縁結び　20
女将　117, 118, 120, 126 〜 128, 133

[か 行]
加賀屋　118, 127 〜 130
観光マーケティング　106, 107
感情労働　4, 8, 9
記号論　4, 11 〜 14
機能分析　143, 144
合理的選択理論　141
黒人　12, 13
国立公園法　150

[さ 行]
サービス　7, 8, 117 〜 120, 127 〜 129, 164

最後の注文　62, 66
山陰海岸国立公園　153
山陰海岸ジオパーク　153, 155, 160, 161
産業革命　149
三等旅行記　42 〜 44
ジェンダー　3 〜 7, 9, 10, 13 〜 17, 46, 85, 99, 161, 163, 164
ジェンダーステレオタイプ　140
ジオツーリズム　150, 151, 153, 155, 156, 158
ジオパーク　149 〜 155, 158 〜 164
自然公園法　150
持続可能な開発　149, 151
自分探し　27, 53
シベリア鉄道　38, 39
社会関係資本　146
宿駅　122, 123, 125
巡礼　95
少子高齢化　91
植民地　12, 13, 44
女工　103, 105, 107 〜 110, 113
女子　3, 10, 11, 13 〜 16, 19 〜 22, 24, 26, 27, 31, 32, 34
女子旅　3, 4, 10, 11, 13, 14, 17, 19 〜 26, 34, 62, 65, 67, 70
生物学的な性差（セックス）　5 〜 7
世界遺産　103 〜 105, 110, 113, 150

[た　行]
大衆化　98
脱構築　5
男女共同参画社会　4, 21
地域伝統芸能　85, 86, 99
地形・地質遺産　149, 150, 152 〜 154, 162, 163
Twitter　26
鶴崎踊　85 〜 93, 95, 97 〜 99
伝統文化　85, 99
湯治場宿　123 〜 125
鳥取砂丘　149, 153 〜 158, 163
富岡製糸場　103 〜 105, 107 〜 111, 113

[な　行]
仲居　117, 118, 120, 126 〜 128
ナショナルトラスト　150
何も意味しないこと（空虚性）　16

[は　行]
旅籠　122 〜 125
バックパッカー　22, 27
巴里日記　43, 44
巴里ひとりある記　47, 50
巴里より　39, 41
東日本大震災　167, 169, 172
非婚化　22
被災地　167, 169 〜 173, 175 〜 180
被災地案内ガイド　167

フェイスブック　31
プッシュ・プル要因　142
放浪　54, 56, 59 〜 62, 67
放浪記　42, 54, 55, 57, 58
ホスピタリティ　4, 7 〜 9
ボランティアガイド　173, 177, 180
本陣　122 〜 125

[ま　行]
まちおこし　108
まひるの月を追いかけて　65, 67
道行　54, 60 〜 65, 67
無意味な空虚さ　15, 16
無意味な空虚性　14
萌えキャラ　103

[や　行]
誘惑者　63, 66
ゆるキャラ　103, 107

[ら　行]
ライフステージ　71, 79 〜 81
ラムサール条約　150
旅館業法　118, 119
旅愁　37, 44

[わ　行]
ワークライフバランス　32, 140

地名索引

[あ　行]
アムステルダム　25, 26, 39
イギリス　41, 106, 110, 113
イタリア　19, 23, 28, 31 〜 33, 144, 145

インド　30
ウィーン　39
英国　23
エジプト　31

オランダ　25

[か　行]
カンボジア　29, 30

[さ　行]
スペイン　33

[た　行]
タイ　19, 29, 30
台湾　30

[な　行]
ニューヨーク　106, 113

[は　行]
パリ　19, 24〜26, 37〜51
バンコク　19, 27〜29, 34
フィレンツェ　19, 31, 32
フランス　11〜13, 23, 37, 38, 40, 41, 43, 45〜47, 51, 110
ブリュッセル　19, 24〜26, 39
米国　31
ベトナム　30, 56
ベネルクス三国　25
ベルギー　25, 26
ベルリン　39
ボリビア　31

[ま　行]
マルタ　32
ミラノ　32
モロッコ　30

[ら　行]
ラオス　29, 30
リスボン　33
ルクセンブルク　25, 26
ローマ　19, 31〜33
ロンドン　19, 24〜26, 39, 41, 42, 44, 45

人名索引

[あ　行]
朝吹登水子　46
恩田　陸　65

[か　行]
グレアム・スウィフト　62
小林　希　27

[さ　行]
ジョン・アーリ　48, 51
ソシュール　11, 12

[た　行]
高橋たか子　63

高峰秀子　46〜50

[は　行]
パットナム　146
J. バトラー　5〜7
林　芙美子　42〜45, 47, 55, 56
R. バルト　4, 11〜13, 16
A.R. ホックシールド　8, 9

[ま　行]
松嶋菜々子　50
眞鍋かをり　26

[や　行]
安野モヨコ　10, 20
横光利一　37, 44

与謝野晶子　39〜41
与謝野　寛（鉄幹）　39〜41

執筆者紹介（執筆順，＊は編者）

[第一部担当]

遠藤英樹（えんどう・ひでき）
　1963年生まれ　立命館大学文学部教授
　・『ツーリズム・モビリティーズ――観光と移動の社会理論』，単著，ミネルヴァ書房，2017年
　・『現代文化論――社会理論で読み解くポップカルチャー』，単著，ミネルヴァ書房，2011年
　私たちの世界は，目をみはるような「驚き」に満ちています。どうか「常識」にとらわれず，この世界を見つめてください。きっと「驚き」に満ちた新たな風景が，あなたの前に広がっているはずです。

友原嘉彦＊（ともはら・よしひこ）
　1980年生まれ　博士（学術）（広島大学）　西南女学院大学人文学部准教授
　「女子」の皆さん，いつもありがとうございます。一緒に知の世界を冒険しましょう。楽しいですよ。

茨木博史（いばらぎ・ひろふみ）
　1977年生まれ　在アルジェリア日本国大使館専門調査員
　「日本の女性はパリの何に惹かれてきたのか」について考えてみました。みなさんも自分の旅の「好み」をふり返る機会になれば幸いです。

高田晴美（たかた・はるみ）
　博士（文学）（神戸大学）　四日市大学総合政策学部准教授
　人間の深み，人情の機微，人生の深淵，この世の複雑怪奇にどっぷりとはまる旅へ，いざ読書！

有賀敏典（ありが・としのり）
　1981年生まれ　博士（環境学）（東京大学）　国立環境研究所研究員
　女性がライフステージの違いにより旅行者としての行動を使い分けているのは面白い現象だと思います。身近なことですが，もう一度考えてみると，新しい発見があるかもしれません。

[第二部担当]

長尾洋子（ながお・ようこ）
　1970年生まれ　和光大学表現学部准教授
　・『おわらの記憶』，共著（おわらを語る会編），桂書房，2013年
　・『民謡からみた世界音楽――うたの地肌を探る』，共著（細川周平編著），ミネルヴァ書房，2012年
　「あるく　みる　きく」だけでなく，踊って，歌って，フィールドワークしよう。

丸山奈穂（まるやま・なほ）
　　Ph.D.（Texas A&M University）　高崎経済大学地域政策学部准教授
　　観光研究で脳内旅行を楽しみましょう。

加藤佳奈（かとう・かな）
　　1986年生まれ　九州産業大学経営学部専任講師
　　本書が観光に興味を持つ多様な方々に何らかの「ひらめき」を提供できれば幸いです。

中子富貴子（なかこ・ふきこ）
　　1967年生まれ　博士（創造都市）（大阪市立大学）　神戸山手大学現代社会学部准教授
　　・『バリアフリー観光のためのホテル・旅館改修計画と地域受入体制づくりマニュアル』，中村元との共著，綜合ユニコム，2016年
　　・『これでわかる！着地型観光―地域が主役のツーリズム』，共著（尾家建生，金井萬造編著），学芸出版社，2008年
　　観光の研究は現場を知るともっとおもしろくなります。

新名阿津子（にいな・あつこ）
　　博士（理学）（筑波大学）　公立鳥取環境大学環境学部准教授
　　・『中部・近畿・中国・四国のジオパーク（シリーズ　大地の公園）』，共著（目代邦康，柚洞一央，新名阿津子編），古今書院，2015年
　　・『自然ツーリズム学（よくわかる観光学2）』，共著（菊地俊夫，有馬貴之編著），朝倉書店，2015年
　　先入観を捨て，目の前の景観を人の動きまでじっくり観察すると，新しい発見に出会うことでしょう。外に出て，いろいろ観察してみませんか。

庄子真岐（しょうじ・まき）
　　1977年生まれ　博士（経済学）（東北大学）　石巻専修大学経営学部准教授
　　・『観光とまちづくり―地域を活かす新しい視点』，共著（深見聡，井出明編），古今書院，2010年
　　観光で女性が輝ける「場」をともに考えてみましょう。

書　名	女性とツーリズム　観光を通して考える女性の人生
コード	ISBN978-4-7722-4203-5 C3036
発行日	2017 年 9 月 19 日　初版第 1 刷発行
編著者	友原　嘉彦
	Copyright ©2017 TOMOHARA Yoshihiko
発行者	株式会社古今書院　橋本寿資
印刷所	三美印刷株式会社
製本所	三美印刷株式会社
発行所	古今書院
	〒 101-0062　東京都千代田区神田駿河台 2-10
電　話	03-3291-2757
ＦＡＸ	03-3233-0303
振　替	00100-8-35340
ホームページ	http://www.kokon.co.jp/
	検印省略・Printed in Japan

地域の観光を考える本

地域づくり叢書6
「観光まちづくり」再考
－内発的観光の展開へ向けて－

安福恵美子編著
愛知大学教授

A5判 166頁
2700円
2016年発行

★観光振興,集客目的の「観光まちづくり」への疑問

地域振興策の目玉とされる「観光まちづくり」。しかしその実態は観光振興＝集客が主眼で,まちづくりは二の次になっている例も多い。中山間地域,大都市,温泉地というタイプの異なる観光地を詳査し,住民主体の,地域の文化や生態系に根ざす「内発的観光」の展開を追う。
[主な目次] 序章／Ⅰ.観光まちづくり概論(まちづくり思想の歴史的考察,内発的観光まちづくりの仕掛けづくりと人財育成)／Ⅱ.中山間地域における観光まちづくり(足助,広域観光と観光まちづくり)／Ⅲ.都市における観光まちづくり(東京スカイツリーと国際観光都市すみだ)／Ⅳ.温泉地における観光まちづくり(熱海)／終章
ISBN978-4-7722-3178-7 C3336

観光先進地ヨーロッパ
－観光計画・観光政策の実証分析－

淡野明彦編著

B5判 204頁
5000円
2016年発行

★地理学の視点から「観光学」にアプローチ！

これまで多くの観光開発が安易な発想により進められたために,中断や短期間での撤退などが繰り返されてきた。なによりも全体的な構造を認識し,施設などの総合的な整備が必要である。世界からの来訪者の中心であるヨーロッパの観光先進国を実証的にとらえ,一般性を明らかにする。
[主な目次] 1.観光の基礎的理解,2.ヨーロッパにおける観光の概況,3.イギリス:観光のパイオニア,4.フランス:多様な観光資源と巧みな観光政策,5.ドイツ:旅行大国ドイツ,6.スイス:自然環境に配慮したアルプス観光,7.オーストリア:アルプスのリゾートとウィーン,8.スペイン:太陽と浜辺の観光
ISBN978-4-7722-3180-0 C3025

シリーズ大地の公園
中部・近畿・中国・四国のジオパーク

目代邦康・柚洞一央・新名阿津子編

A5判 カラー156頁
2600円
2015年発行

★地域にひそむ大地の物語をジオツアーで感じて下さい

ジオパークで働く専門員や関係の深い研究者,現地ガイドらが,ジオツアーコースを紹介。ジオサイトの説明だけでなく,「その地域で見られる地形や地質,土壌,生態系,水循環,文化,歴史など,さまざまな事柄のつながり」をいくつかのジオストーリー(大地の物語)にまとめて解説します。ひと味違った観光や学習旅行の参考に！
[主な目次] Ⅰ 中部地方の概説／南アルプス(中央構造線エリア)／糸魚川／佐渡／白山手取川／恐竜渓谷ふくい勝山／立山黒部,Ⅱ 近畿・中国地方の概説／南紀熊野／山陰海岸／隠岐,Ⅲ 四国地方の概説／室戸／四国西予
ISBN978-4-7722-5282-9 C1344
＊ジオパークフィールドノートも好評発売中！

100万人のフィールドワーカーシリーズ

FENICS 100万人の
フィールドワーカー 7
社会問題と出会う

白石壮一郎・椎野若菜 編

A5判 214頁
3400円＋税
2017年発行

★社会問題を捉え直してみよう！
アクティブ・ラーニングの題材にも

環境問題・民族問題・貧困問題・差別問題・地域格差などに研究者はどう向き合っているのか？ 現地事情に詳しく当事者に寄り添う研究者たちは問題解決のために何を提言するのか？ 高校地歴科・総合学習の授業，大学1年時共通科目の講義におすすめ。フィールドで社会問題に取り組む著者たちの体験をもとに，社会問題を自分で組み立て直して捉えることができる。アクティブ・ラーニングへの本書の活用を提案した補章も役立つ。[社会問題の例] 難民問題→帰国後の生活は？／国際結婚と経済格差→人びとにとっての「正しさ」とは？／在日コリアン→若者のアイデンティティのゆくえは？ など深く考えさせる11例を収録。
ISBN978-4-7722-7128-8 C3339

FENICS 100万人の
フィールドワーカー 12
女も男もフィールドへ

椎野若菜・的場澄人編

A5判 226頁
3200円＋税
2016年発行

★女性フィールドワーカーの悩み，解決へ！

好奇心旺盛で研究意欲も高い人が，研究を継続する過程で，結婚・妊娠・育児・介護など自らの人生にかかわるプライベートな出来事に向き合うとき，どう折り合いをつけているのか。何がキャリア継続の痛打となり，どんなサポートや周囲の理解が必要なのか。論文に書くことはできない，研究者の苦労・工夫・想いを込めたライフヒストリーで語る「ジェンダー・フィールドワーク論」。
日本学術振興会や大学の女性研究者支援制度の解説，男女研究者へのアンケートなど女性研究者支援に役立つ情報も掲載。フィールド調査におけるジェンダー・セクシュアリティの深い話も。周囲がどうサポートしたらよいのかも参考になる。
ISBN978-4-7722-7133-2 C3339

FENICS 100万人の
フィールドワーカー 14
フィールド写真術

秋山裕之・小西公大編

A5判 258頁
3200円＋税
2016年発行

★オートでシャッターを押すだけの撮影から一歩前進できます！

前半は人物や風景など魅力的なフィールド写真を事例に，撮影のコツを伝授。後半は事例別のユニークな撮影法やデータ整理～プレゼン法を紹介。基本技術から小技や道具の紹介，撮影のヒントを多数掲載した全16章＋15のコラム。魅力的なフィールド写真を撮影できるようになります！
[主な目次] Ⅰ．写真を知る（フィールド写真事始／仕組みを知る／機材と付き合う），Ⅱ．写真を撮る（人物／風景／建造物／遺跡／水中で撮る／空中から撮る／文献を撮る／顕微鏡下の撮影），Ⅲ．写真を使う（現像・RAWデータ・プリント／補正・レタッチ・リサイズ／写真の整理術／ウェブ上での発信／フォト・エスノグラフィー／他
ISBN978-4-7722-7135-6 C3339

いろんな本をご覧ください
古今書院のホームページ

http://www.kokon.co.jp/

★ 800点以上の**新刊・既刊書**の内容・目次を写真入りでくわしく紹介
★ 地球科学やGIS, 教育など**ジャンル別**のおすすめ本をリストアップ
★ **月刊『地理』**最新号・バックナンバーの特集概要と目次を掲載
★ 書名・著者・目次・内容紹介などあらゆる語句に対応した**検索機能**

古 今 書 院

〒101-0062　東京都千代田区神田駿河台2-10

TEL 03-3291-2757　　FAX 03-3233-0303

☆メールでのご注文は　order@kokon.co.jp へ